国家自然科学基金资助项目"跨界联盟协同创新资源整合机制研究"（项目编号：718040325）

教育部人文社会科学研究青年基金资助项目"创新联合体网络嵌入视角下工业软件领军企业自主创新能力提升机理与实现路径研究"（项目编号：23YJC630243）

国家社会科学基金资助项目"数智创新生态系统下跨界融合行为与服务复合治理研究"（项目编号：23BGL057）

中国博士后科学基金资助项目"工业软件产业关键共性技术创新联合体构建与发展机制研究——创新生态系统视角"（项目编号：2022M710982）

黑龙江省哲学社会科学研究规划项目"黑龙江省工业互联网平台创新生态系统价值共创实现机制研究"（项目编号：21YJC241）

Research on Resources Integration Mechanism of
CROSS-BORDER
INNOVATION ALLIANCE

跨界创新联盟
资源整合机制研究

张 影 ◎著

中国财经出版传媒集团

经济科学出版社

Economic Science Press

·北京·

　　云计算、大数据、人工智能等新一代信息技术的纵深延伸，改变了企业的经营思维、生产方式、盈利方式、资源配置模式和竞合方式，市场需求呈现漂移多样化的态势，以至于仅局限在单一行业的创新行为已经无法迎合时代发展的需求。互联网与传统产业的跨界融合，不断创造出新的发展业态，为传统产业带来了创新的新动力，成为传统产业转型升级的关键路径。互联网企业与传统企业通过深度合作，组成跨界创新联盟开展创新活动，能够充分发挥互联网企业在社会资源配置中的优势，提升传统企业创新资源整合能力。跨界创新联盟各主体价值空间的高效发挥有赖于跨界创新主体的有效配合以及各种资源的合理有效整合。针对这种跨行业新型企业间组织的复杂性与特殊性，探究一种新的跨界组织资源管理理论尤为重要。因此，本书以通过新一代信息技术为纽带跨界融合形成的企业跨界创新联盟为研究对象，针对其资源整合理论开展研究，构建了一套有利于资源跨界流动和共享的跨界创新资源整合机制，从而实现跨界企业资源的优化配置，提高联盟企业的创新能力和竞争优势，促进传统产业的转型升级。

　　本书在跨界创新、创新联盟、创新资源整合领域已有研究成果的基础上，对跨界、跨界创新、跨界创新联盟概念进行界定，分析其特征、形成动因及组织结构。基于创新系统论的发展，分析了跨界创新联盟创新系统的内涵、结构、要素构成、创新过程，并从共生的视角，分析跨界创新联盟共生演化过程；运用协同论揭示跨界创新联盟资源协同机理，在此基础上遵循资源整合过程和相关原则，设计了由资源识别机制、资源融合机制、资源配置机制构成的跨界创新联盟资源整合机制整体框架。

资源识别是资源有效整合的基础，在分析联盟资源现状的基础上，围绕核心资源识别和资源缺口识别设计创新资源识别机制。从价值创造的视角，运用四维空间价值理论和可拓理论提出跨界创新联盟核心资源特征维度，并基于流体动力学构建跨界创新联盟核心资源识别过程模型；运用资源缺口理论，通过对联盟资源需求与资源供给进行匹配，确定资源缺口。

资源融合是资源有效整合的重要步骤，根据缺口资源的获取与联盟新资源创造的需要，设计了由资源集聚机制、资源共享机制、资源耦合机制构成的资源融合机制。在分析跨界创新联盟资源集聚流程的基础上，从主体、类型、网络、平台四方面提出跨界创新联盟资源集聚形式，并给出提高资源集聚水平策略；在对跨界资源共享过程进行阻碍分析的基础上，构建跨界创新联盟资源共享过程模型。运用模块化理论，构建以模块化调节机制为核心、规范性约束机制与延续性交互机制为辅助的跨界创新联盟资源共享协调机制。基于演化博弈理论和前景理论，构建跨界创新联盟资源共享演化博弈模型，并提出资源共享激励策略；借鉴耦合理论，从资源耦合判定条件、过程、方式设计了跨界创新联盟资源耦合机制。

资源配置是资源整合的关键阶段，从跨界创新联盟创新项目的前期立项、投入实施、项目调控三个阶段，分别设计战略主导型、效率主导型、任务主导型的跨界创新联盟资源配置机制。主要内容包括：依据联盟项目组合战略定位，通过构建复合关联熵物元模型实现对项目组合战略匹配度的测量，在此基础上构建考虑联盟战略与项目间交互关系的跨界创新联盟项目组合资源优化配置模型，并运用改进的果蝇优化算法进行求解；在设计跨界创新联盟资源投入产出效率指标的基础上，运用DEA 模型计算跨界创新联盟各项目的投入产出效率，以及资源投入冗余和产出不足，进而为优化联盟资源配置方案指明具体调整方向和路径。考虑联盟成员对某些核心创新资源的贡献量存在约束成本，以兼顾优化核心资源投入与重要产出最大为目标对传统 DEA 模型进行改进，实现核心资源的优化配置与利用；基于任务需求导向的跨界创新联盟资源配置机制具体包括任务分解、资源匹配、资源重组。遵循一定的规则将任务分解，然后运用 ELECTRE－I 方法对候选资源进行排序比较，选取最佳候选资源匹配方案。针对多任务需求情形，构建跨界创新联盟资源组合优化模型，并采用量子多目标进化算法进行求解。

最后，以 BD 智能汽车联盟为对象进行实证研究，验证本书设计的跨界创新联盟资源整合机制的有效性与实用性，并给出 BD 智能汽车联盟资源整合效率提升建议。

目 录

Contents

绪论

1.1 研究背景及意义

1.1.1 研究背景

改革开放 40 多年来，我国在经济和科技领域都取得了巨大的成就，但相对经济发展，我国在科技创新领域的发展较发达国家还是相对滞后。目前，我国经济发展已进入了新的发展时期——由高速增长阶段转向高质量发展阶段。为了适应不断发展的创新需求，推动产业结构转型和升级，追求经济温和增长新常态，我国先后提出"互联网＋""中国制造2025""创新创业，跨界融合""协同创新"等重大战略举措，推动各行各业积极拥抱互联网，通过跨界整合形成经济发展的新动能。党的十九大报告更是进一步明确指出，创新是引领发展的第一动力，是建设现代化经济体系的战略支撑，并提出建设科技强国的创新战略。可见，这些政策为传统企业提供了一个新的发展方向，传统企业要想实现新的突破，必须融合互联网基因，通过跨界的方式实现颠覆和再生。国家和各地方政府也都将互联网企业与传统企业的跨界融合作为经济转型升级、培育和发展新兴产业的关键路径。

　　面向全球范围内互联网经济跨界融合发展的重大机遇，企业必须从以往的局部创新、行业边界隔离、思维惯例的枷锁中走出来，从追赶型经济向跨界创新型经济转变。因此，在移动互联网、云计算、物联网、大数据、人工智能等新一代信息技术的推动和产业绿色低碳转型升级发展需求的拉动双重作用下，互联网企业、传统企业和一些新兴的创业企业，都纷纷加入依托自身优势的跨界浪潮中，催生了大量新技术、新业态和互联网经济新增长点，正在改变全产业发展形态和全球竞争格局，很多企业跨界合作创新现象纷纷涌现。例如，耐克和苹果公司共同推出的 NIKE + iPod 品牌；互联网企业与汽车制造企业的跨界合作，苹果、谷歌、百度、阿里巴巴等互联网企业都纷纷试水造车；王者荣耀与宝马、李宁与小米、BAT 与传统金融、"医疗 + 养老 + 房地产"等的跨界合作，衍生了"年轻的宝马"、智能穿戴、互联网金融、医养居等各种新业态，这些新产品或新服务的产生都展现了以互联网为纽带的企业跨界创新行为具有巨大的价值创造潜力。在全球经济一体化不断加深和竞争日益激烈的大环境下，无论是新技术、新市场、新产品的研发、拓展、销售，还是组织结构及工艺流程的创新，跨行业、领域、学科等知识和资源的交叉与融合都会起到关键引擎作用。因此，随着信息化、数字化、网络化时代的到来，由原先单一领域的局部创新转变为跨组织边界的跨界创新将是企业未来发展战略的主要选择，符合科技发展的潮流。跨越不同行业、领域、学科等边界开展的跨界创新已成为一种全新常态化的开放式创新模式，正日益成为实现新时代创新定位、开展原始创新的重要途径。

　　从产业演变发展的规律可以看出，唯有颠覆者而不是跟随者后来居上，企业已渐渐意识到跨界创新是我国经济转型发展的必经之路。突破产业之间的藩篱、打破学科之间的界限、推动创新资源的跨界流动是催生创意、激励创造、实现创利的必然要求。跨界创新合作行为促进了传统企业与互联网企业通过建立紧密的联盟关系来进行信息技术渗透并实现颠覆性创新，其实质是企业在突破原有行业惯例的基础上，通过嫁接外行业价值转换生存空间而实现行业间双向互动互补的价值跨越联结性行为。

　　跨界创新联盟作为新时代以跨界创新为抓手、聚力原始创新、实现重大创新的重要组织载体，是加快我国技术创新与体制改革的重要依托。以互联网为纽带的跨界创新合作行为成为传统产业转型升级的关键需求路径，互联网信息技术企业与各行业通过深度跨界合作，组成跨界创新联盟开展创新活动，能够充分发挥互联网企业在社会资源配置中的优势，提升传统企业创新资源整合能力。跨界创新联盟各主体价值空间的高效发挥有赖于跨界创新主体各种资源的合理有效整合以及各创新主体的有效配合。跨界创新联盟各主体通过获取和分享彼此的异质性资源，实现资源的跨界流动，促进联盟主体实现协同创新，创造新的价值空间。然而，跨界资源存在显著差异，只有经过有效的内化和学习才能发挥异质资源交叉融合的最大价值，这就对跨界资源整合提出新的要求，如何协调跨界联盟各创新主体及各创新资源要素也变得更加复杂、更具有挑战性。面对这样一种新的组织形式，如何有效地整合与重构跨行业、跨领域、跨地域等跨越多层次的创新资源使其创造更大的价值，应是学术界和企业界共同亟待解决的问题。针对这种跨行业新型企业间组织的复杂性与特殊性，探究一种新的跨界组织资源管理理论尤为重要。国内外跨界创新合作的例子很多，但是针对跨界创新联盟资源整合理论的研究较少，本书以通过互联网纽带跨界融合形成的企业跨界创新联盟为研究对象，针对其资源整合理论开展研究，构建了一套有利于资源跨界流动和共享的跨界创新资源整合机制，从而实现跨界企业资源的优化配置，提高联盟企业的创新能力和竞争优势，促进传统产业的转型升级。

1.1.2 研究目的及意义

1. 研究目的

以互联网为纽带的企业跨界创新合作行为成为新时代企业获取竞争优势的关键需求路径，面对这种跨行业组织边界的创新活动的复杂变化与发展需求，拟构建一套有利于资源在不同行业企业间有效流通与共享的跨界创新联盟资源整合机制，旨在保障联盟成员间异质互补的创新资源进行有效的互动与融合，实现跨界资源的优化配置与利用，促进联盟跨界创新活动的顺利开展与高效运行，为企业提供科学的资源管理理论指导与先进的方法手段，从而推动我国传统产业的转型升级发展。

2. 研究意义

本书以协同论为基础，通过揭示跨界创新联盟资源协同机理，探究有效的跨组织资源整合路径、方式及方法，设计出有利于资源跨界流动与共享的跨界创新联盟资源整合机制，研究成果有助于丰富企业资源管理理论与创新管理理论体系。此外，研究成果紧密结合国家创新发展战略与"互联网＋"的时代发展背景，为丰富我国创新资源管理体制提供了有力的基础支撑，同时，对跨界创新联盟这种新型的合作组织形式有效开展创新活动并保持长期持续发展，对产业转型升级具有重要的现实指导意义。

1.2 国内外研究现状

1.2.1 跨界创新相关研究现状

跨界创新是企业迎合互联网经济的时代发展、提高创新水平的重要创新战略。对于跨界创新这一发展现象，国内外学者从不同的视角，对跨界创新、跨界创业、跨界搜索等领域进行了相关研究。

1. 跨界内涵研究

维基百科将跨界定义为：从某一属性的事物，进入另一属性的运作。跨界思维最早应用在设计与文化领域，是一种多角度、综合性、外向性的战略策划思维模式（夏缘缘，2011）。时尚品牌跨界设计的成功再次显示了现今的企业不能以旧有的行业惯例、已有的知识经验看待问题、解决问题。其实，"跨界"一词最早出现在组织理论的文献中，拉维（Lavie et al.，2011）认为跨界是指从结构、功能和属性三个维度与新合作伙伴建立联盟关系。随着"互联网+"的兴起，各个行业的跨界活动日益涌现，意味着一个跨界整合时代的到来。在跨界整合的过程中，企业可以利用不同行业资源的组合来创造全新的价值。跨界是指不同领域的知识或元素相互渗透和融合，打破现有观念中固有的框架，逃离了原有的位置，并且在各种学科各种领域间穿梭（黄嘉涛，2017）。跨界是对新技术、新理念及已有技术和资源的再组合，跨界的跨度越大，跨界的创新成果可能越大，催生新事物的生命力和竞争力越强。跨界思维本质是立足于寻找产业价值链的低效点，通过跨界机制构建和资源整合重构商业逻辑，打破固化的价值创造和分配逻辑（罗珉和李亮宇，2015）。冯文娜（2019）认为互联网环境下跨界的本质是一种融合式创新，跨界企业通过创造新的用户价值而获取持续的竞争优势。张骁等（2019）认为跨界是企业通过行业内的渗透与融合或行业间的跨越与合作而进行的一系列边界跨越活动，用以管理企业边界。跨界思维启示我们，企业可以通过跨界行为获取组织发展所需的外部互补性和有价值的资源或知识，促进新的产物生成，其实质是一种创新，是不同资源之间交相融合的价值，产生新的产品和结果，将企业原本隐藏的存量价值通过跨界释放出来，进而达到产业升级的目的。因此，依托跨界创新联盟这种新型网络组织形式有助于打造创新的制高点，引领创新潮流，为我国的产业升级与转型提供有力支撑，值得我们深入研究。

2. 跨界创新研究

对于跨界创新，学者主要从不同的视角展开相关研究，具体包括跨行业创新或跨领域视角、跨境或跨区域视角、整合式创新视角。

（1）跨行业创新或跨领域视角。跨行业创新起源可以追溯到类比思维方法，这种方法最初大多局限于知识或技术先进的企业内部或同行业供应链内的合作伙伴。哈格顿和萨顿（Hargadon and Sutton，1997）以跨行业的视角，通过在产品设计和开发中使用类比思维，提出了一种在各行业和专业领域之间转化的解决方案的方法。在此基础上，一些学者展开了在具体设计和开发任务中类比使用的前因后果的相关研究。恩克尔和加斯曼（Enkel and Gassmann，2010）等首次提出了跨行业创新的概念，将其定义为企业采用跨行业边界的外部知识以及将这些远距离的知识整合到自身的创新流程中的方式或方法。加斯曼和泽斯基（Gassmann and Zeschky，2008）提出了跨行业创新的过程：抽象、类比、适应。布伦斯维克和赫切克（Brunswicker and Hutschek，2010）在此基础上进一步提出在创新前端的跨行业创新搜索过程包括资源选择和构思阶段，资源选择阶段主要是搜索领域和目标资源的选择，具体细分为市场趋势法分析、胜任力分析、抽象、领域选择、资源选择五个步骤，构思阶段是以交互方式产生新颖解决方案的想法，具体细分为系统分析、功能分析、想法产生、评价、开发准备五步骤。加斯曼等（2011）通过分析6个合作的跨行业创新项目研究中介机构在跨行业创新过程中的作用，发现中介在跨行业创新中扮演创新拓展者、创新杠杆者、创新倍增者三种类型。巴德（Bader，2013）以在工业和消费品业务方面具有国际领导地位的汉高为例，研究了企业如何在跨行业创新中获益，发现企业通过探索性学习、变革性学习和剥削性学习之间的互补学习过程驱动了企业跨行业创新的成果，强调企业必须建立特定的结构和流程或支持性措施和活动促进组织跨边界学习，进而提高企业跨行业创新的绩效。恩克尔和海尔（Enkel and Heil，2014）指出企业应开发足够的资源来识别、吸收和维护外部知识，提高潜在吸收能力进而促进跨行业创新合作。跨产业创新已经被普遍认为是启发新产品开发的激进式和增量式创新的一种方法。跨产业创新能够大幅度地减少企业在创新过程中的风险，因为特定的技术、概念或解决方案在另一个产业已经成功应用。跨行业创新或跨领域创新实质是企业跨越行业知识边界而进行的一种创新方法。

（2）跨境或跨区域视角。李等（Lee et al.，2008）研究了中小型企业跨国合作的文化差异、投资流向及控制程度之间的相互影响关系。迪科夫和萨希伯（Dikov and Sahib，2013）通过分析 1223 次的跨境收购综合数据验证了所构建的概念模型，指出文化差异对跨界并购的影响主要取决于收购方的收购经验水平。吴先明和苏志文（2014）构建了以跨国并购为杠杆的后发企业技术追赶模型，并指出通过海外并购企业不仅跨越了技术创新的鸿沟，而且推动了战略转型。伦德奎斯特和特里普尔（Lundquist and Trippl，2013）研究了跨区域创新的整合过程，从理论层面明确跨界创新系统发展的不同阶段，强调不同阶段主要特征以及障碍。跨境或跨区域视角实质是企业跨越地理边界进行跨界扩张式创新。

（3）整合式创新视角。赵振（2015）研究了在"互联网＋"背景下，实体经济企业与互联网经济企业的跨界整合经营现象。张庆普等（2018）提出了跨界整合式颠覆性创新的概念，认为企业跨越行业边界，将界外产品功能与界内产品功能进行有机整合，对界内界外产品造成颠覆性破坏，并通过案例分析揭示了其内在机理。此外，张青（2013）从跨界协同创新参与者中存在的社会网络、知识网络、价值网络之间互动产生的协同，对跨界协同创新的运营机理进行了分析。

3. 跨界创业方面的研究

目前国内学者在跨界创业方面的研究正处于兴起阶段。例如，葛宝山等（2016）通过分析跨界创业知识的流动及阻碍，构建了跨界创业企业知识共享模型及运行机制。王冲（2016）基于合法性和资源配置双重视角对公司跨界创业战略选择进行研究，发现公司跨入传统行业进行业务高相关跨界创业，选择稳妥型战略组合能够获得更高的绩效，而公司跨入新兴行业进行业务高相关跨界创业，选择积极型战略组合能够获得更高的绩效。王节祥等（2018）基于江苏宜兴"环境医院"模式的案例研究，指出龙头企业跨界创业是构建双平台架构的微观行为基础，不是简单的跨产业或地理边界的多元经营，而是通过跨界信息搜寻和资源整合支撑创业机会的构建和实施，从而实现产品生产到平台运营的商业逻辑转变，同时推动实体经济与互联网深度融合发展。

4. 跨界搜索研究

跨界搜索一词可以追溯到组织行为理论的组织搜索，是指组织进行知识搜索的行为活动，既包括本地知识搜索，也可以跨越组织边界进行外部搜索（胡畔和于渤，2017）。最早由罗森科普夫和纳卡（Rosenkopf and Nerkar，2001）将跨界引入战略管理领域并提出跨界搜索的概念，认为组织不能一味依赖本地搜索，应跨越组织边界进行外部搜索，获取更多异质性知识互补丰富现有知识体系来激发创新活力与能力。因此，在开放式创新背景下，跨界搜索战略成为企业获取创新优势的主要途径，学者们对跨界搜索与创新绩效展开了相关研究。卡提拉和阿胡贾（Katila and Ahuja，2002）研究了跨界搜索深度和广度对产品创新的作用，发现跨界搜索深度与产品创新呈倒 U 型关系，跨界搜索广度对产品创新有显著正向影响。张文红和赵亚普（2013）从技术知识跨界搜索和市场知识跨界搜索两个维度探讨了跨界搜索战略对产品创新的影响。王素娟和王建智（2016）进一步从商业模式匹配的角度研究了跨界搜索战略对创新绩效的影响，发现效率型商业模式匹配技术知识跨界搜索战略和新颖型商业模式匹配市场知识跨界搜索战略对创新绩效有积极的促进作用。费雷拉斯－门德斯等（Ferreras－Méndez et al.，2015）引入吸收能力作为中介变量，探讨了外部知识搜索与创新绩效之间的作用过程，发现吸收能力是外部知识搜索的深度与企业创新绩效之间关系的完全中介。刘鹏程等（2016）从组织边界理论出发研究了组织边界跨越能力对开放式服务创新的影响，将组织边界跨越能力划分为 IT 能力、网络能力、吸收能力，发现 IT 能力对开放式服务创新具有显著正向影响，而网络能力和吸收能力通过知识整合对开放式服务创新具有间接影响。王丽平和陈晴晴（2016）通过引入外部创新搜寻作为中介变量、战略柔性作为调节变量，构建了跨界合作行为与创新绩效之间的理论模型。

1.2.2 创新联盟相关研究现状

自 20 世纪 50 年代以来，技术创新联盟成为企业获取技术进步创新的一种有效途径，是指通过两个或两个以上企业共同致力于某项研发活动，以此达到不同企业间的优势互补，减少本企业的研发风险和研发成本，从而推动企业技术创新进程，获得竞争优势。纵观已有文献的研究，可以看出技术创新联盟是沿着产业技术创新联盟、高技术企业创新联盟、产学研协同创新联盟、战略性新兴产业技术创新联盟、区域产业技术创新联盟、创新生态系统的组织形式逐步演化的。随着服务科学和跨界的兴起，目前涌现出服务创新联盟、服务创新生态系统、跨界联盟。具体研究内容包括创新联盟内涵及动因、伙伴选择、组织模式及演化、跨界联盟等。

1. 创新联盟内涵及动因研究

切萨布鲁夫（Chesbrough，2003）提出了开放式创新模式，并指出企业从外部获取创新资源并将其转化为商业价值的能力是未来企业发展的关键要素。随着技术的复杂性、技术创新与创新需求的不确定性和创新模式的融合性加剧，单个企业的创新能力日益受到挑战，开放式创新背景下单个企业的创新模式逐步演变为协同创新，企业生存和发展离不开协同创新。越来越多的企业通过契约关系、合作网络、社会关系与企业、大学、科研机构、政府和中介机构等不同的合作伙伴联结进行协同创新。陈劲和阳银娟（2012）认为协同创新是协同制造与开放式创新的前范式，是科技创新的新范式，是一项更为复杂的创新组织方式，其关键是形成以大学、企业、研究机构为核心要素，以政府、金融机构、中介组织、创新平台、非营利性组织等为辅助要素的多元主体协同互动的网络创新模式，通过知识创造主体和技术创新主体间的深入合作和资源整合，产生系统叠加的非线性效用。解学梅和方良秀（2015）在辨析合作创新、战略联盟等概念基础上，解析了协同创新的内涵，即协同创新的本质是企业与政府、科研机构、大学、中介机构和用户等不同的合作伙伴，为实现创新增值而开展的一种跨界整合，其协同度较高，追求更高的经济和社会效益。学者们认为创新联盟的动因主要可以分为获取外部资源、实现成本共担和风险共享、提高企业绩效等方面。同时，施瓦茨等（Schwartz et al.，2012）指出，企业通过依赖各种合作伙伴的外部关系可以获得技术、设备、专业知识、资本、商业网络和知识产权等资源。冈村等（Okamuro et al.，2011）指出协同创新联盟不仅可以使初创企业获得互补性资产，更关键的是共摊成本和共担风险，进而提高其研发生产力。此外，洛佩斯（Lopéz，2008）也指出，企业与其他组织或机构进行协作合作，能够将不同主体的优势技术和信息资源有机整合，改善市场准入，获得规模经济，实现成本和风险共担。菲亚兹（Fiaz，2013）指出协同创新合作是推动企业研发和提升创新能力的有效手段。纳吉布等（Najib et al.，2014）认为协同创新网络是推动中小型企业创新和持续发展的重要组织形式。

2. 创新联盟伙伴选择研究

伙伴选择一直是联盟研究关注的热点。50%~60% 的产业技术创新联盟失败归结为目标和战略的不协调、合作伙伴间合作关系的不融洽、信任的缺失和文化差异导致的冲突等多个方面，这些方面主要体现为正确选择合适的合作伙伴是联盟成功最重要的前提。因此，国内外学者针对不同的创新联盟类型对其伙伴选择进行了相关研究。具有代表性的是，鲍威尔等（Powell et al.，1996）从生物技术网中识别了跨组织协同与创新的焦点，指出地理位置、研发联盟、关系纽带等要素对协同创新网络具有重要影响。汤姆林森（Tomlinson，2010）认为，在创新环境中，地理上的邻近和企业间的频繁交流有利于促进重要知识和信息的交流，为"集体学习"提供机会和创造激励环境，从而促进创新的产生。博施玛（Boschma，2005）认为，合作伙伴之间的空间邻近对于创新的产出既不是必要条件也不是充分条件，良好的合作关系才能够促进社会和认知的接近。但也有学者认为，地理邻近的创新集群内具有明确的专业分工和区域边界，特别是相同的文化环境和根植性阻碍了集群内外组织间的知识流动，并降低了其创新动力（Bathelt et al.，2002）。王发明和刘丹（2016）基于沙普利（Shapley）值法为产业技术创新联盟中焦点企业合作共生伙伴选择提供了适宜的方法体系。张敬文等（2016）基于 PLS – SEM 模型实证分析指出，企业技术资源、文化背景、信息沟通、合作意愿对战略性新兴产业技术创新联盟合作伙伴选择具有显著影响。邓渝（2016）通过对 123 家高技术企业的调研，实证研究了伙伴选择战略对企业技术创新的影响，发现市场导向伙伴选择战略主要促进突破式创新，关系导向伙伴选择战略主要促进渐进式创新。朱清等（2016）考虑到技术创新联盟伙伴选择的多目标属性和不确定性特点，提出了基于 ELECTRE－Ⅰ决策方法的技术创新联盟伙伴选择方法。

3. 创新联盟组织模式及演化研究

学者们主要集中于生态系统，从企业、战略性新兴产业、区域等视角剖析各自创新联盟的组织模式。陈晓红和解海涛（2006）构建了基于"四主体动态模型"的中小企业协同创新体系结构。孙亮等（2015）从产业路径、知识产权、共性技术视角分别构建了产业技术创新联盟组织模式。陈衍泰等（2015）结合电动汽车产业生态系统案例，提出了产业创新生态系统"构建－管理"两阶段动态过程的概念模型。吴绍波和顾新（2014）提出了战略性新兴产业创新生态系统，从系统的治理、激励等方面对战略性新兴产业创新生态系统协同创新机制进行研究。黄鲁成（2000）认为区域创新系统是由技术、制度、组织、管理等创新要素，在特定的经济区域内相互作用，组成的具有一定功能的系统。刘丹和闫长乐（2013）认为协同创新网络是一个自增益循环的生态系统，主要包括行为主体和产业环境两大部分。吕一博等（2017）对大学驱动型开放式创新生态系统的构建主体、构建要素、构建机制进行了研究，发现大学驱动型开放式创新生态系统历经了核心成员聚集、基本框架搭建和系统动态发展三阶段，并且专家主导机制是系统构建的核心机制，分布式的创新网络平台是系统构建的核心要素。此外，部分学者还对创新模式进行了研究，如何郁冰（2012）针对三重互动的产学研协同创新模式，构建了产学研协同创新理论框架，认为协同创新的模式和过程受到利益分配机制、组织间关系、产业环境动荡性等因素影响。张（Chang，2003）从合作者角度将协同模式划分为竞争者协同模式、用户协同模式、替代者协同模式和供应商模式等。帕斯特和桑多尼斯（Pastor and Sandonis，2002）运用交易成本理论将企业间的协同模式分为非股权协同和股权协同两种模式。赫勒和艾森伯格（Heller and Eisenberg，1998）提出在协同创新过程中专利许可或技术转让模式可以降低专利权的交易成本，促使各方的专利资源能够得到充分利用。李等（2010）提出了企业探索式模式和开发式模式的双元协同创新模式。

创新联盟生态系统的演化方面，主要以穆尔（Moore）、伊恩西蒂（Iansiti）、莱文（Levin）和阿德纳（Adner）等为奠基人物展开了大量研究。例如，阿德纳（2006）指出创新生态系统通常由一个或多个核心企业共同打造平台，并基于平台整合其他参与者的异质互补性资源，其他参与者也借助平台获取所需的信息与技术等资源共同创造价值。罗尔赫克等（Rohrheck et al.，2009）发现德国电信（Deutsche Telecom）主导的创新生态系统通过推动各成员整合内部外知识和创意，有效提升了该系统的整体创新能力。斯蒂尔等（Still et al.，2014）通过对 EIT 信息通信技术实验室的案例研究，提出了基于数据驱动的创新生态系统改进框架，可用于开发共享可视化与支持创新生态系统转型计划。王发明和朱美娟（2018）基于计划行为理论分析了创新生态系统价值共创行为影响因素。欧忠辉等（2017）构建了创新生态系统共生演化模型，并以杭州城西科创大走廊创新生态系统为例进行实证研究。王宏起等（2016）指出新能源汽车创新生态系统遵循"渐进性小生境—开放式产品平台—全面拓展"的三阶段演进路径，其演进的机理是创新链与采用链的协同机理。李万等（2014）认为创新生态系统是在某一特定区间范围内由各种不同创新体与创新环境构成，通过物质联结、信息传递、能量循环而形成的自组织、协同演化的复杂系统。赵志耘和杨朝峰（2015）基于产业生态的共生关系，提出共生创新的概念，分析了共生创新的基本构成要素和特点。

4. 跨界联盟研究

作为联盟的一种组织形式，跨界联盟随着互联网信息技术的飞速发展呈现出多种复杂的发展态势，很多新兴高技术企业能够快速准确地寻找到适宜的自身行业以外的合作伙伴开展跨界业务，产生"1＋1＞2"的非叠加线性效用。王广生（2011）基于资源基础观的视角提出跨行业联盟的概念，指出跨行业合作不是掠夺对方的某些资源，而应是通过双方共享资源对资源进行整合聚集，从而实现双方资源优势互补、增加彼此在行业内的竞争优势，达到互利共赢的目的。王卉和胡娟（2016）认为跨界整合是互联网环境下传统内容企业转型升级的优化路径选择。刘秀艳和王林秀（2017）认为跨界联盟是指不同行业之间跨越组织的界限，并利用互联网技术，以金融资本运作为载体，组成利益相关者合作网络组织，旨在通过整合和改造某些传统行业，共同进行项目开发。李志兰（2016）引入共生理论对养老地产跨界联盟共生系统稳定性进行研究，发现联盟发展空间与合作系数是影响联盟稳定的主导因素，联盟稳定的本质是主体间共生能量贡献与获取的对称性，贡献的不平衡是导致联盟破裂的重要因素。赵昕（2016）梳理分析了"互联网＋供应链金融"的产业金融创新生态环境，并指出线上线下结合，利用大数据工具调控交易场景，能够形成"大行业—核心企业—大空间"更多跨界组合策略，进而催生更多类型的创新金融产品。解学芳和臧志彭（2017）认为传统文化行业通过引入互联网基因衍生出大量新兴互联网行业的文化类上市公司，指出文化行业呈现正向老化与逆向重生相结合的生命周期，并分析了其跨界演化的机理。赵霞和朱启航（2017）指出跨界是互联网情境下产业融合的新特征、新现象，基于互联网的生产和交易突破了时空限制，助力消费用户、产品生产商上下游价值链之间的信息和价值交换，进而催生了不同行业之间的多种跨界行为模式，并从宏观和微观层面分析了零售业和制造业跨界融合的互动关系。高山行等（2019）从战略联盟的角度分析了跨界共享的内涵，并指出其作为一种新的组织间合作方式和资源整合机制，与战略联盟本质相同，但在产生背景、持续根源、实现范围、创新结构方面也存在异同。

1.2.3 创新资源整合机制研究现状

资源整合是企业战略调整的手段，也是企业经营管理的日常工作，因此，资源整合研究一直是管理学者们关注的重点问题。目前国内外学者主要是从不同的视角，对资源整合的内涵及过程、资源整合的方式与模式、资源整合对企业绩效的影响等方面展开相关研究。

1. 资源整合的内涵及过程

西尔蒙等（Sirmon et al.，2007）、饶扬德（2006）认为资源整合是组织在获取所需的资源后将其进行重新组合形成能力的过程，即组织对不同来源、类型、结构的资源进行选择、汲取、配置、激活、融合而形成新的具有竞争优势的资源体系的过程。阿米特和休马克尔（Amit and Schoemarkerl，1993）将资源整合划分为资源识别与选择、资源获取、资源开发与融合三个过程。董保宝等（2011）将资源整合过程分为资源识别、资源获取、资源配置和资源利用四个阶段。拉瓦西和维罗纳（Ravasi and Verona，2001）认为，有效的知识整合取决于企业接触到的外界知识广度，以及对它们的有效识别、获取和开发。西尔蒙等（2011）运用柔性理论解释在动态市场环境中的三种创业资源组合方式，即稳定调整阶段、丰富细化阶段和扩展细化阶段。资源的有效整合有利于促进企业资源的价值最大化。莫特拉和加内什（Moitra and Ganesh，2005）研究了资源整合与能力的关系。西蒙斯和彼得森（Simons and Peterson，2002）在研究欧美10大制药企业的过程中，将企业科技资源整合区分为两类：局部能力和建构能力。克莱纳尔滕坎普等（Kleinaltenkamp et al.，2012）从资源整合者、资源、资源整合过程、评价、价值创造五方面构建了资源整合整体框架，并分析了它们之间的关系。

2. 从创新视角探讨资源整合

对于创新资源整合的研究主要集中在创新资源整合模式、资源整合与创新绩效的关系、资源整合与创新价值共创、资源配置等方面。

在创新资源整合模式研究方面，学者们主要集中于对具体区域创新资源整合模式的建立与相应对策的提出。例如，刘丹鹤和杨舰（2007）以北京为例，探讨了区域科技资源整合模式及路径，并提出相关科技资源整合政策建议。严建援等（2016）以天津市为例，分析了区域协同发展下创新资源集聚模式和途径，并结合相应实践提出了相关对策和建议。李兴江和赵光德（2009）分别从市场、政府和社会三个不同视角，设计了区域创新资源整合的实现机制。余博（2009）基于自主创新联盟对区域创新整合的目标、模式、策略进行了分析探讨。

关于资源整合与创新绩效关系的研究，希特等（Hitt et al.，2001）认为企业创新资源整合是一个复杂的动态过程，涵盖了企业各种资源要素的重新组合与有机融合的全部环节，对企业创新绩效的提升起到根本性促进作用。张公一和孙晓欧（2013）通过对科技资源整合对企业创新绩效影响的实证分析，发现科技资源的识别与获取、整合与利用、整合能力等通过扩散效应对企业创新绩效有显著的正向影响。伍勇和魏泽龙（2017）将资源整合方式分为稳固性整合和激进式整合两种类型，并研究了不同资源整合方式在知识探索与突破性创新之间的调节作用。瓦戈

（Vargo，2008）指出资源整合不是从客户到公司这一单向过程，而是多对多视角的多方向的。基于多方向视角，米尔（Mele，2009）强调了资源整合的社会文化性质，指出价值创造的核心机制就是根据参与者的期望、需求和能力进行资源整合，并进一步确定了三种整合类型：互补性、冗余性和混合性，所有这些都需要独特资源和谐匹配。此外，米尔等（2010）还运用 S－D 理论和网络理论，探讨了多利益相关者间资源整合与创新价值共创的内在关系。李恒毅和宋娟（2014）采用案例研究法研究了新技术创新生态系统资源整合的演化关系，并指出组织资源、网络资源、系统资源是相互作用、共同演化的关系。

在创新资源配置方面，学者们主要研究了创新资源配置机制、科技资源配置效率及其影响因素。在创新资源配置机制方面，周和荣和张金隆（2006）认为合作伙伴之间的信任关系能够减少配置的成本与复杂程度，并构建了一种基于信任的虚拟合作资源配置机制。刘志迎和路锋（2018）研究了在资源受限的情形下，企业采取二元创新战略的资源动态配置机制。张晓明等（2018）通过对传统 DEA 模型进行改进，研究了创新型企业关键资源的优化配置问题。在科技资源配置效率方面，纳尔逊（Nelson，1993）和波特（Porter，1998）通过对不同国家科技资源配置的相关历史数据进行对比分析，指出了不同国家科技资源配置方式、经费支出、科技政策的差异。汪朗峰和伏玉林（2013）运用随机前沿分析模型研究高技术产业科技资源配置效率，指出仅通过增加科技资源的投入是不能达到科技资源配置的优化的，需要综合考量直接效应和短期效应实现科学合理的配置。黄海霞和张治河（2015）基于 DEA 模型研究了我国战略性新兴产业科技资源配置效率。范德成和伏玉林（2018）基于两阶段 StoNED 模型，运用2011～2014 年制造业面板数据对高端装备制造业技术资源配置效率进行了深入分析，并采用 Tobit 模型分析了对其的影响因素。

3. 从创业视角探讨资源整合

以吉林大学蔡莉教授团队和南开大学张玉利教授团队为代表的较多学者，以资源整合为突破口深入探讨了新企业创业问题。例如，蔡莉和尹苗苗（2009）运用结构方程模型研究了新创企业学习能力、资源整合方式对企业绩效的影响。葛宝山等（2016）综合资源基础观和动态能力观构建了资源整合过程、动态能力以及竞争优势三者间相互影响作用的全新理论模型。另外，汪秀婷和程斌武（2014）通过案例分析方法探讨了资源整合、协同创新及动能能力之间的耦合关系，揭示了基于资源整合和协同创新的企业动态能力的演进以及形成竞争优势的内在机理。彭伟和符正平（2015）通过对 182 家中国高科技新创企业的调查研究，发现资源整合在联盟网络与新创企业绩效关系中发挥中介作用。王晓文等（2009）基于租金创造机制视角指出创业资源整合的两种不同战略，分别是现有资源开发战略和潜在资源探索战略，并进一步分析了不同资源整合战略可能采用的实现手段。付丙海等（2015）针对新创企业资源整合如何影响创新绩效研究的不足，构建了创新链资源整合、双元性创新和创新绩效的关系模型，研究表明纵向链资源整合和横向链资源整合都对创新绩效有显著正向影响，且前者作用更大，双元性创新在创新链资源整合和创新绩效之间发挥部分中介作用。梅胜军等（2017）针对创业的阶段性特征，提出初创阶段、再创阶段应采用不同的整合模式。彭学兵等（2016）从资源类型的角度将创业资源整合分为创业资源内聚和创业资源耦合两种类型，并指出创业资源内聚和创业资源耦合都对新创企业绩效具有显著正向影响。孙亚清（2016）从公司跨界创业的角度出发，重点研究了创业资源整合问题，构建了初创公司跨界创业联盟资源整合机制。

4. 从产业集群和联盟视角探讨资源整合

蔡宁和吴结兵（2002）指出集群企业自身的资源禀赋与集群资源整合能力对集群获取竞争优势具有关键主导作用，其中，集群规模与资源结构是影响集群资源整合的核心主导要素。徐维祥等（2005）认为构建资源整合的网络化模式，能够促使高新技术产业集群的资源配置与区域创新系统有机联结，并从资源、政府、区域创新环境维度，提出了集群资源整合提升区域创新竞争力的策略。余博（2009）研究了区域自主创新联盟的资源整合管理问题，从资源整合目标、模式、策略等方面进行了探究。姜晓丽（2012）利用资源识别与获取机制、资源配置与资源利用机制构建了高技术虚拟产业集群资源整合机制。王秀臣（2009）研究了跨国企业战略联盟网络资源整合，分别从联盟内部和网络外部对网络资源进行整合。

上述学者从创新、创业、产业集群、联盟等不同视角对不同资源整合的过程、模式及其对企业绩效的影响展开了大量的研究，为本书的研究打下了坚实的理论基础。资源整合是优化配置的决策，是根据组织的发展战略和市场需求对内外资源进行重新分配组合的过程。有效地整合跨界组织间的异质资源是提升组织的创新能力和竞争优势的重要方式和途径。现有研究基于管理视角对跨组织合作创新资源整合的研究明显不足，一些学者从公司跨界创业的视角，研究了由新创企业、大型企业与高校科研院所等组成的跨界创业联盟资源整合机制，侧重于创业资源的整合。而在"互联网＋"背景下，互联网信息技术企业与各行业通过深度跨界合作，组成跨界创新联盟开展技术创新活动，其资源整合机制的设计需要紧密围绕联盟创新活动，强调跨界成员企业创新资源的重组与协同。然而，跨界资源存在显著差异，只有经过有效的内化和学习才能发挥异质资源交叉融合的最大价值，这就对跨界资源整合提出新的更高要求，如何有效协调跨行业、跨领域、跨地域等跨越多层次的创新资源，使其创造更大的协同价值也变得更加复杂、更具有挑战性。因此，对以互联网为纽带跨界融合形成的企业跨界创新联盟资源整合等理论问题与实践问题的研究仍需深入开展。

1.2.4 相关研究述评

目前国内外学者从不同视角对创新联盟及其资源整合问题开展了研究，取得了丰硕的成果，并在创新联盟构建及演化、资源整合的作用及模式等多方面取得了一定的研究成果。在我国大力提倡创新驱动发展战略的现实背景下，学者们针对如何提高企业创新绩效进行了大量的实证研究，为本书的研究奠定了坚实的理论基础。我国正处于社会经济、产业结构转型升级的"转型期"，为了适应这些重要的变化与发展需求，亟待研究产业变革的跨界组织资源管理理论，探寻跨界组织创新资源有效整合的科学发展路径及机制。现有文献多数是从产业集群创新、区域创新、新企业创业等视角对创新资源整合展开相关研究的。目前，跨界思维已经渗入各行各业，跨界创新联盟合作的实践越来越多，而学术界对跨界创新联盟的理论研究与实践活动之间存在着一定的差距，学术界需要紧跟实践步伐，为跨界创新联盟的发展提供理论支撑。国外学者主要是以恩克尔和加斯曼为代表的研究团队对跨界创新如何促进企业绩效进行了相关实证研究，取得了部分成果。国内学者对跨界创新的研究刚刚兴起，理论界对跨界创新联盟这种新型创新组织模式的形成动因及组织模式类型、创新系统运行等关键问题的研究尚处于探索阶段，对跨界创新联盟资源整合机制等运作层面的理论研究也处于起步阶段。

资源整合机制的建立决定着跨界创新联盟存在的价值和顺利运作，本书在前期理论和企业创新实践的基础上，借助跨界系统论和资源管理理论，系统地对跨界创新联盟资源整合机制展开深入的研究，进一步完善传统组织管理理论、协同创新理论、资源管理理论，对促进跨界创新联盟这种新型网络创新组织形式的高效运作和保持长期持续发展，以及对传统产业转型升级具有极其重要的实际意义，对跨界创新联盟组织间的资源管理理论与方法研究也具有重要的理论价值。

1.3 研究内容和方法

1.3.1 研究内容

本书在综述国内外跨界创新、创新联盟、资源整合相关研究的基础上，对跨界创新联盟进行理论基础分析，包括跨界创新联盟的界定、特征、形成动因及组织、创新系统分析及共生演化过程，并基于协同论思想，以跨界创新联盟资源协同机理为支撑，遵循资源整合过程和相关原则，构建了跨界创新联盟资源整合机制即跨界创新联盟资源识别机制、资源融合机制、资源配置机制，并以 BD 智能汽车创新联盟为对象进行实证研究。

（1）跨界创新联盟创新系统演化研究。首先，界定跨界创新及跨界创新联盟的概念并分析其特征，并分析了其形成动因及组织结构；其次，基于创新系统论的发展，分析了跨界创新联盟创新系统的内涵、结构、要素构成、创新过程，并基于共生视角分析了跨界创新联盟共生演化过程，为本书研究提供理论基础。

（2）跨界创新联盟资源协同机理及整合机制体系架构研究。运用协同论对联盟战略、组织、资源要素进行多维度协同分析，在确定跨界创新联盟资源协同系统序参量的基础上，分析跨界创新联盟资源协同过程，构建跨界创新联盟资源协同机理模型。在此基础上，结合资源整合过程和相关原则，设计跨界创新联盟资源整合机制研究框架，包括资源识别机制、资源融合机制、资源配置机制。

（3）跨界创新联盟资源识别机制设计。跨界创新联盟资源识别机制具体包括资源现状分析、资源核心识别、资源缺口识别。运用四维空间价值理论与可拓理论构建了跨界创新联盟核心资源特征维度，在此基础上，基于流体动力学构建了核心资源识别过程模型，包括资源外部识别、资源分解、资源内部检验。运用资源缺口理论，通过将联盟创新资源需求与资源供给进行匹配，确定资源缺口并对其进行分类。

（4）跨界创新联盟资源融合机制设计。跨界创新联盟资源融合机制具体包括资源集聚机制、资源共享机制、资源耦合机制。为弥补资源缺口，从资源集聚流程、形式、策略等方面设计了资源集聚机制；在分析资源共享过程的基础上，设计了资源共享协调机制与激励机制的具体内容。最后，从资源耦合的价值判定、耦合过程、耦合方式、耦合测度等方面设计了跨界创新联盟资源耦合机制。

（5）跨界创新联盟资源配置机制设计。跨界创新联盟资源配置主要体现在联盟进行创新活动所需创新资源要素的合理分配与组合上，以实现提高资源利用效率的目的。从战略导向—投入产出效率—任务需求三个不同层面设计跨界创新联盟创新资源配置机制。

（6）BD智能汽车创新联盟实证研究。以BD智能汽车项目所形成的跨界创新联盟为例，对联盟资源整合过程进行实证研究，对所设计的资源识别、资源融合、资源配置机制的有效性和实用性进行验证。

1.3.2 研究方法

（1）运用文献综述法对国内外跨界创新、跨界创新联盟、资源整合的研究现状、发展趋势和实践应用情况进行跟踪总结。

（2）运用共生理论 Logistic 生长模型，构建跨界创新联盟生态系统共生演化动力学模型，揭示跨界创新联盟共生演化过程。

（3）运用协同论揭示跨界创新联盟资源协同机理。

（4）运用四维空间价值理论与可拓理论相结合的方法，提出了跨界创新联盟核心资源特征维度，并运用流体动力学构建跨界创新联盟核心资源识别的动力学模型，为联盟核心资源识别提供有效方法与工具。

（5）运用前景理论与演化博弈论相结合的方法，构建跨界创新联盟资源共享演化博弈模型，基于此提出资源共享激励措施。

（6）运用物元分析理论与信息熵理论测量跨界创新联盟项目组合战略匹配度，并采用改进的果蝇优化算法求解跨界创新联盟项目组合优化配置模型。

（7）运用数据包络分析方法计算跨界创新联盟资源配置相对效率，利用 ELECTRE－I 法提出跨界创新联盟资源匹配方法。

（8）运用实证研究法，以 BD 智能汽车创新联盟为对象，验证本书提出的跨界创新联盟资源整合机制的可行性与有效性。

1.3.3 技术路线

本书沿着提出问题—分析问题—解决问题的研究思路框架，绘制了如图 1－1 所示的技术路线。

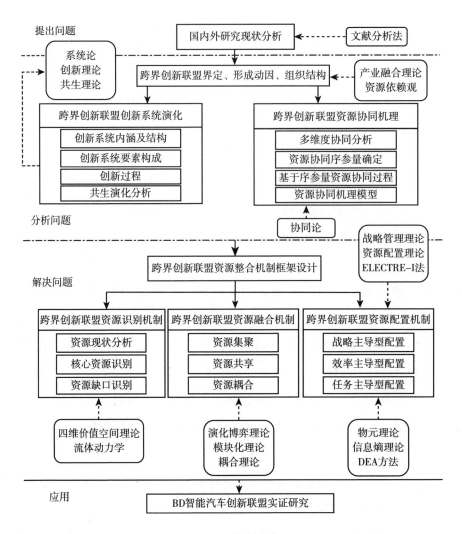

图 1-1 技术路线

跨界创新联盟形成动因及演化

2.1 跨界创新联盟形成动因及组织结构

互联网、大数据、人工智能、互联网等新一代信息技术的纵深延伸，必然会影响企业创新行为及模式的转变，跨界创新作为互联网经济时代最前沿的创新模式之一，几乎风靡了所有行业，全球掀起了跨界创新合作的热潮。目前，学者们对跨界创新联盟的概念还未给出清晰的定义，因此，本书对跨界创新联盟的概念进行界定，分析其特征，为后续研究跨界创新联盟资源整合机制框架奠定概念基础。

2.1.1 跨界创新联盟界定

在界定跨界创新联盟概念之前，先对跨界、跨界创新、联盟的相关概念与理论进行梳理与总结，为跨界创新联盟概念界定提供科学合理的理论依据。

1. 跨界

什么是界？对于人类自身而言，界是一切对人类的思想和行为形成约束的边缘，界并非对所有人都是一致的，它是由不同尺度和角度所决定，如以光年为单位，形成了各种行星、恒星等构成的宇宙界，这种由度量单位不同而形成的分界是不以人的意志为转移的自然界。还有一种是建立在人类自身结构和意识之上的界，如数学、化学、艺术等学科划分，国家、组织、个人的层次划分。界的范围是不断延伸扩大的，边界、界限、界线、范围等也成为界。随着人类知识深度和广度的提高，时间、空间、行业、产业、专业、领域、地域、学科、门类也成为不同的界。后来通过进一步的引申，人类的认知、思维、价值观、意识形态、体制机制也成为一种重要的界。一切对人类的思想和行为形成约束的边缘就是所谓的"界"，一旦跨越或者突破约束就是一种跨界。

维基百科将跨界定义为：从某一属性的事物，进入另一属性的运作。科斯（Coase）在《企业的性质》一书中最早提出组织边界的概念，认为组织边界是组织与外部环境之间的界限，能够形成组织的保护机制。但是，在竞争日益加剧的环境下，组织边界的稳固性会制约组织与外界进行资源互动与交换，导致组织在应对外部动态环境变化时缺少应变能力。因此，组织需要通过边界跨越活动来改变组织边界的功能与形态，实现对组织内外部资源的有效整合，进而提高组织的竞争优势。因此，从组织边界的视角看，跨界是指组织边界的一种横向扩张。但是，随着互联网经济的兴起，跨界被赋予了新的内涵，已经不再是简单的在组织边界的扩张，而是一种实现企业转型升级的重要战略方式。在互联网信息技术的支持下，通过整合其他行业的价值对企业进行创新性改造，让那些原本毫不相关的不同行业实现融合与贯通，企业可以利用不同行业资源组合创造新的商业模式，因此涌现出各个行业领域的跨界活动。本书将跨界定义为企业通过行业间的跨越与合作而进行的一系列边界跨越行为。企业通过跨界行为获取组织发展所需的外部互补性和有价值的资源，促进新的产物生成，其实质是一种创新，是不同资源之间交相融合的价值，产生新的产品和结果，将企业原本隐藏的存量价值通过跨界释放出来。

2. 跨界创新

自熊彼特（Schumpeter）于 1928 年提出创新理论以来，大量学者从不同视角、不同对象等对创新展开了研究，许多欧美学者认为创新是开发新产品、发明新科技或建立新生产流程，既是一种过程，也是一种结果。而作为当下流行与未来发展的新创新方式，跨界创新已成为目前研究与实践的热点趋势。

在跨界创新领域，跨界被定义为打破或超越原有障碍的行为过程。跨界创新中的"界"可能是指跨越行业领域、组织、地域、学科、认知思维等的边界。有学者认为企业跨界创新行为是企业为了获取外部资源，跨越某种边界通过资源共享进行合作，达到实现创新的一种行为。目前国内外学者对于跨界创新的研究还处于探索阶段，并未形成一致性的观点。於军和孟宪忠（2014）将跨界创新定义为：企业跨越产业行业领域，突破传统运行惯例、规则边界，借鉴其他产业行业的创新成果，创立新的、更有效的企业管理模式和经营规则的过程。陶小龙等（2018）认为跨界创新是一项全方位、多层次创新活动，需要从思维与行动上共同跨越边界束缚。章长城和任浩（2018）认为跨界创新是遵循市场导向的一种价值创新战略，通过适当的契合点将新旧领域进行有效的联结，进而形成新价值的过程。刘辉（2018）认为跨界创新需要兼具跨界和创新两种行为特征，将其定义为基于互联网的平台，跨越认知、行为、思维的时空、领域、文化等界限，共创共享，获取和实现具有原创性、突破性、引领性的技术与市场效应的重大创新。

因此，本书在结合上述学者观点的基础上，将跨界创新定义为：基于一定的目标和方向，企业跨越组织和行业边界，借助新一代信息技术，通过跨界整合与重组资源，创造出全新价值的产品或服务的创新活动过程。其核心思想强调通过不同行业、领域的知识、技术等创新资源的有机融合，根据经济和市场需要，捕捉各种技术和市场机会，研制出一种可供利用的新的技术、产品或服务。同时，这种跨界创新行为会促使传统实体经济企业与互联网等新兴企业建立紧密的联盟关系来进行信息技术渗透并实现颠覆式创新成果，其根本上仍是开放式创新的表现形式，但"跨界"改变了企业创新过程中信息和资源的获取和整合方式，强调创新要素的整合、互动与协同，使得跨界创新相对以往创新更具有颠覆性和变革性的结果特征。

3. 联盟

一般把联盟定义为：由两个或者两个以上有着对等经营实力的企业，为达到共同拥有市场、共同使用资源等目标，通过各种契约而形成的优势互补、风险共担、资源要素双向或多向流动的网络组织（Jarillo，1998）。根据联盟组织形式、成员类型、组建目的的不同，主要存在战略联盟、研发联盟、技术创新联盟、动态联盟等形式。其中，战略联盟强调的是一种长期的合作关系，为了实现战略目标而采用协议、契约等方式组建的一种资源共享、优势相长、风险共担的介于企业与市场的中间组织。研发联盟则是以共同参与开发新技术或新产品为具体目的的两个或两个以上的企业进行联结，而形成的一种资源互补、利益共享、风险共担的合作组织。技术创新联盟则是以企业发展需求和各方共同利益为基础，以提升产业技术创新能力为目标，以具有法律约束力的契约为保障，通过整合优势创新资源，以攻克产业共性技术和关键技术，并主导建立全球行业标准以及全面提升产业核心竞争力的高端联盟组织形式。

4. 跨界创新联盟

在总结借鉴跨界、跨界创新、联盟内涵的基础上，本书将跨界创新联盟定义为：跨越行业边界的两个或两个以上的组织，借助新一代信息技术，通过跨界资源的交互融合共同参与创新活动，实现协同共创价值，以契约、协议、合资等方式建立起来的一种资源优势互补、风险共担、互利共赢的新型合作创新组织。这种创新组织实质是企业在突破原有的行业惯例的基础上，通过嫁接外行业价值转换生存空间，为实现行业间双向互动互补的价值跨越联结性行为而形成的合作组织。

2.1.2　跨界创新联盟特征

基于跨界创新联盟概念界定，运用对比分析方法对跨界创新联盟与传统创新联盟进行对比分析（见表 2 - 1），得到跨界创新联盟如下独特特征。

表 2 - 1　　　　　传统创新联盟与跨界创新联盟的区别

创新要素	传统创新联盟	跨界创新联盟
创新主体及关系	同一行业或产业链上下游横纵向企业 + 高校 + 科研院所 + 中介机构 + 政府（合作 + 竞争）	跨行业的不同企业 + 互联网企业 + 高校 + 科研院所 + 跨界服务中介 + 投融资机构 + 金融机构 + 政府 + 用户（互利 + 共生 + 共赢）
创新产物及特性	产品或服务 产物可能是以往创新的延伸	体验 + 服务 + 产品 产物具有全新性、颠覆性
创新驱动	供给侧	需求侧
创新思维及来源	技术研发 相似资源整合	跨界思维 + 互联网思维 + 平台思维 跨界异质资源搜索与整合

（1）跨界创新联盟创新主体主要包括跨越行业边界的实体企业、互联网企业、高校、科研院所、投融资机构、新兴创业企业、中介服务机构、政府、用户，而不是传统创新联盟聚焦在同一行业或产业链上下游横纵向企业间的联合，具有明显的"跨界"特征，各创新主体不是上下游关系，也不是"合作 + 竞争"关系，而是一种"互利 + 共生 + 共赢"的关系。

（2）跨界创新联盟是以互联网为纽带，强调传统实体企业与互联网等新兴企业在政府、学研机构、金融机构以及中介服务机构的协助下，为实现科技创新而建立紧密的合作关系，通过跨界整合各方资源进行创新活动的合作组织。其创新产物强调"服务＋产品＋体验"，往往是具有全新性和颠覆性的重大创新。其中，用户的需求和体验是驱动创新的关键推动力，全面综合考虑用户需求侧，让用户在体验、情感、互动等方面的需求得到全方位的满足。

（3）跨界创新联盟的各成员企业之间不存在明显的资源冲突和行业竞争，彼此具有一定的资源共享点和利益共同点，其核心主张是通过异质互补性资源的共享实现共同赢利的良性合作，使得资源的利用率得到有效提升。

（4）跨界创新联盟创新思维来源丰富多样，充分借助"跨界思维＋互联网思维＋平台思维"，通过跨界异质互补性技术搜索与整合展开创新活动。跨界创新联盟从外界吸收获取全新的生产资料和重要的信息资源输入联盟内部，而后产生新的产品或服务向外界市场输出，联盟成员跨行业、跨地域等特点使得跨界创新联盟具有无边界性与模糊性。

（5）跨界创新联盟是跨行业边界的多元创新主体协同互动而形成的网络创新系统，各创新主体进入联盟的目的及在联盟中的网络位置都存在差异，彼此间通过异质资源转移与协作相互影响与制约，会产生系统复杂的非线性效用。

2.1.3　跨界创新联盟形成动因

跨界创新联盟的形成不是一蹴而就的，而是在特定环境下由多重因素触发形成的。本书结合资源依赖理论、资源基础观点、产业融合理论，主要从技术推动、市场拉动、政策驱动三方面剖析跨界创新联盟形成的动因。

1. 技术推动

技术革新是跨界创新联盟形成的主要推动力，主要表现在以下几个方面。

（1）新技术的发展是产业边界愈发模糊的根本因素。科技创新是企业持续发展和跨越的发动机，发动机一旦停止，企业就会丧失竞争力。因此，技术创新是任何一个企业都需要始终持续的活动，为了保持持续的创新能力，需要有不断的异质性和互补性创新资源输入企业。无论是新技术、新市场、新产品的研发、开拓、销售，还是组织结构及工艺流程的创新，跨行业、领域、学科等知识和资源的交叉与融合都会起到关键引擎作用。资源基础理论认为，企业可以通过资源的价值性、稀缺性、难以模仿性以及难以替代性保持自身的竞争优势，单个企业无法同时获得满足自身需求的各种资源，需要跨越组织边界获取异质的外部资源，提高企业的创新能力和竞争力，这也使企业跨越行业边界开发创新成为可能。企业可以通过联盟来获取其他企业的资源，当不同的企业组建联盟后，其拥有的互补性资源就会组合起来，进而实现个体以至于联盟的最大价值。跨界创新联盟中，将各个成员的资源集合在一起，通过联盟这个平台运作，转化成更多成员、企业、客户等所需要的产品，大大增加了这些资源的价值。根据资源基础观，当企业处于较为复杂、竞争较为激烈的市场环境中时，为了更好地获得更多所需要的资源，企业往往选择分工合作来实现，跨界创新联盟是企业获取更多资源的最佳途径。资源在企业保持竞争优势的过程中起到很重要的作用，但对于独立的企业来说，往往拥有的资源是有限的，跨界创新联盟的形成将多个不同领域的企业资源集合到一起，企业与企业之间的资源互补有利于跨界创新产品的生成。这些异质性资源往往很难流动，但通过联盟这个平台和联盟的运行机制，比较容易地实现了异质性资源的交流，进而实现创新，跨界创新联盟的形成使得资源的配置更加有效。

（2）基于资源依赖理论，联盟形成的最初动力源于联盟企业对稀缺、有价值资源的自发性需求和获取（Pfeffer and Salancik，2003）。为了获取这种无法通过市场交易行为购买的资源，企业间会自发地组建联盟，通过整合联盟成员各自擅长的技术，在交流学习的基础上，在联盟层次和范围内进行技术知识创造活动，从而增加整个联盟和联盟内各企业的技术知识基础储备。联盟中的新技术、新产品、新价值的创造在宏观上是联盟成员合力研发的新技术，在微观上主要体现为联盟成员各自的技术研发人员通过技术资源与知识资源的共享与交互，以及显隐性知识，转化形成螺旋式的创新成果。

（3）新一代信息技术的迅速广泛应用，改变了企业生产要素的重新组合，也加速了产业的转型升级，推进了产业的跨界融合发展。因此，技术创新是推进"互联网＋传统实体企业"跨界融合的核心动力。互联网企业通过适度公开其某些产品的源代码和这些产品对实体产品硬件的嵌入要求条件，进而激发鼓励了实体企业与之结成联盟关系。另外，互联网企业也可以借助实体企业的互补性资源实现技术落地，快速进行商业化进程。实体企业也可以融入互联网资源实现产品智能化。因此，互联网信息技术在不同领域的扩散，带来了技术的不断升级与变革，推动了传统企业积极拥抱互联网企业，通过组建联盟的形式以获取新的竞争优势。

2. 市场拉动

市场需求是跨界创新联盟形成的拉动力，主要表现在以下几个方面。

（1）互联网资源广泛强势地渗透企业生产和商业活动，使得信息比传统工业经济时代变得更加透明、开放、对称、易获取，进而减少了一些商业交易成本，加大了企业的开放程度，为企业跨界协作提供了可行性条件，使得组织和产业的边界逐渐变得模糊，甚至无边界。在"互联网 +"时代，传统实体企业为了获得新的消费者、新的营销渠道、新的用户体验，纷纷与互联网企业进行跨界合作。例如，星巴克与阿里巴巴跨界合作，通过 AR 技术向消费者直观地展示"从一颗生咖啡豆到一杯咖啡"的过程，与支付宝联合推出了"边逛边等"的功能，一键了解隐藏菜单，跨界合作加速了星巴克在中国市场发展的脚步。

（2）随着"互联网 +"对社会市场影响的逐步扩大，无论是互联网市场还是传统市场都会出现一些新的智能化需求，正是这些新智能化需求推动了互联网产业与传统制造业的跨界融合，并加快了跨界融合的速度。当然，随着竞争环境复杂性和动态性的增加，市场需求呈现漂移多样化的态势，导致单一企业的供给无法满足市场的有效需求，这就需要各行业或领域之间进行有效联结，逐渐融合起来以满足日益变化的市场需求，因此，市场需求成为跨界合作创新的主要拉动力。企业需要跨界搜索组织外的资源进行跨界协同创新，通过内外部异质性与互补性资源的深度交互与融合，形成新的产品、新的服务或新的商业模式，进而满足用户的有效需求，并通过创新引导用户新的潜在需求，这就是需求引导供给创新的方式。基于市场需求拉动企业积极吸收新时代创新因子——互联网思维，以组织跨界合作的形式进行创新，以保持持续的竞争优势，由此跨界创新联盟应运而生。这种通过跨界合作行为所产生的协作式优势，是联盟合作成员共同拥有的一种竞争优势，是单个企业凭借自身资源和能力难以实现和创造的价值。

（3）在经济全球化日益加剧、信息技术迅猛发展的大环境下，我国产业和市场的竞争不断加剧。企业只有通过不断地创新、革新、突破，才能更好地适应市场的发展规律，提高竞争优势。大企业选择跨界发展战略，可以加速企业转型升级，获取新的盈利点。面向复杂多变的市场需求，往往会倒逼某些企业跨界发展，制造业服务化就是一个典型的通过跨界获取新的经营业务的例子。然而，有价值的跨界是精准地把握市场需求，脱离了消费者的现实需求，必然会导致失败。组织跨界合作是不同行业板块相互渗透融合的企业行为，能产生新的市场亮点和利润增长点，进而使得企业自身升级，开创可持续发展的蓝海。

3. 政策驱动

国家政策是跨界创新联盟形成的驱动力，主要表现在以下几个方面。

（1）随着人口红利、资本红利和制度红利的逐步释放，我国经济正经历增长速度换挡期、结构调整阵痛期、前期刺激政策消化期"三期叠加"的市场形势，对各行各业都形成了很大的冲击。为了适应这种新的不断变化的市场形势，必须从以往的局部创新、行业边界隔离、思维惯例的枷锁中走出来，亟须从追赶型经济向跨界创新型经济转变。创新作为引领国家发展的重要战略，国家已先后推出了一系列推动"创新创业，跨界融合"的相关政策，如提出的"互联网＋""中国制造2025"等重大战略，推进国家、地方不断加强对互联网和制造业、服务业、信息业、农业等的跨界融合，培育经济社会发展新动能。党的十九大更是明确指出：要加快建设制造强国，加快发展先进制造业，推动互联网、大数据、人工智能和实体经济深度融合。随后为加快实体经济转型升级，又颁发了《国务院关于深化"互联网＋先进制造业"发展工业互联网的指导意见》，这一系列政策导向也促使制造企业与互联网信息技术企业建立紧密的联盟关系来进行信息技术渗透并实现颠覆性创新。

（2）"互联网＋"战略的实施意味着互联网已不再是一种信息技术或营销网络渠道，而是一种全方位的思维方式和结构方式，是促进经济提质增效升级的基础性战略资源和关键手段。互联网信息技术的纵深延伸改变了企业的经营思维、生产方式、盈利方式、资源配置模式和竞合方式。"互联网＋"的本质就是实体经济与互联网经济的跨界融合，传统实体企业借助互联网的各种资源，重新组合与重构自身原有资源的价值创造过程，进而创造出全新的创新方式"跨界创新"。因此，国家政策对跨界创新联盟这种新型的创新组织载体的形成与发展产生了驱动作用。

2.1.4　跨界创新联盟组织结构

跨界创新联盟的主要构成主体涵盖跨行业的不同经济实体企业、互联网企业、高校、科研院所、跨界服务中介组织、新兴创业企业、投融资机构、政府等，是它们共同组建而成的一种网络化组织形式。不同的创新主体在联盟的发展过程中起到不同的功能角色作用。跨界创新联盟的本质是通过实体企业的价值链条进行解构，并使之与互联网企业的价值链条进行重新"跨链"组合形成一种共生网络组织。因此，可以运用共生理论和网络模型，从共生网络的视角对跨界创新联盟的组织模式展开研究。依据共生网络结构分析可以将跨界创新联盟划分为依托型、平等型、嵌套型三种网络组织结构。

1. 依托型组织结构

依托型跨界创新联盟共生网络组织结构是一种比较常见的联盟组织形式，这种类型的共生网络属于一种"核心—卫星"组织结构，由一个核心企业或几个彼此跨行业的核心企业和围绕这些核心企业运作的跨行业的中小卫星企业或者配套组织共同组建形成。如图 2-1 所示，核心企业的稳定对整个跨界创新联盟共生网络组织的稳定性起到关键作用，其是共生网络组织中物质、信息、能量转移和传输的中心"链核"，为中小卫星企业或配置组织进行创新研发提供所需的资金资源、品牌资源、渠道资源、市场资源等创新资源，而中小卫星企业能够为核心企业提供互补性创新异质性知识和资源及各种类型的创新辅助服务等。然而，根据跨界创新联盟核心企业的具体数量关系划分，依托型跨界创新联盟共生网络组织被划分为单一中心依托型跨界共生网络组织和多中心依托型跨界共生网络组织。其中，多中心依托型跨界共生网络组织是指在跨界创新联盟中存在两个或两个以上的跨行业的核心企业，以及依附它们的中小卫星企业或配套组织之间相互作用、相互依赖、相互耦合所组成的共生网络组织。

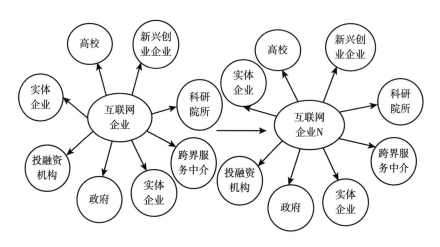

图2-1　依托型跨界创新联盟共生网络组织结构

2. 平等型组织结构

平等型跨界创新联盟共生网络组织是指在联盟网络中每个成员节点都处于平等地位，各成员节点之间通过信息资源、知识资源、资金资源、人力资源的交互和联结而形成的一种自组织耦合的共生网络。如图2-2所示，在这种类型的网络组织中，不同企业或组织会同时与几家跨行业的企业或组织之间进行跨界创新活动，但是彼此间不会存在依赖关系，而是处于一种公平平等的交互共生关系。当网络中任意一方与另一方的联结不能再为其中一方实现价值获取时，二者之间的交互共生关系就会断开，各自在网络中重新寻求适宜的企业或组织重建共生关系进行创新价值创造与获取。在平等型跨界创新联盟共生网络组织中的共生成员大都是中小规模的企业，其组织结构相对来说具有一定的柔性和灵活性，以价值共创为利益导向进行自组织的创新行为运作。

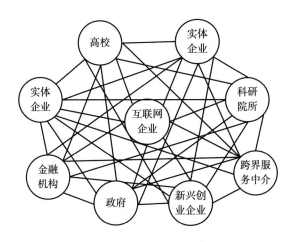

图 2 - 2　平等型跨界创新联盟共生网络组织结构

3. 嵌套型组织结构

嵌套型跨界创新联盟共生网络组织是一种介于依托型共生网络和平等型共生网络之间的新型跨界创新网络组织模式，兼具这两种网络组织模式的优势，同时摒弃了依托型网络组织模式中中小企业过度依附某一或某些核心企业，以及平等型网络组织模式过于松散的特点。嵌套型跨界创新联盟共生网络组织是由多家跨行业的核心企业与围绕其的中小卫星企业或配套组织通过物质、能量和信息的耦合互动关系而形成的一种多级嵌套的复杂网络组织模式。如图 2 - 3 所示，在这种网络组织结构中存在多家实体企业与互联网企业之间通过异质性互补资源的交互耦合建立共生关系而形成了核心创新主体网络层，也存在每个不同核心实体企业或互联网企业与围绕其运行的大量中小卫星企业或配套组织而形成的子网络，除此之外，各种类型的中小卫星企业或配套组织之间也存在资源交互耦合关系，联盟内所有的企业依附各级网络联结在一起，形成一个复杂多层级的跨界网络共生体。嵌套型跨界创新联盟组织模式是目前比较常见的一种网络组织形式，涉及核心创新主体主要是互联网企业与实体企业，强调互联网信息技术与实体企业创新链各环节的重组融合。本书以嵌套型跨界创新联盟这种组织模式为研究对象，展开资源整合机制的研究。

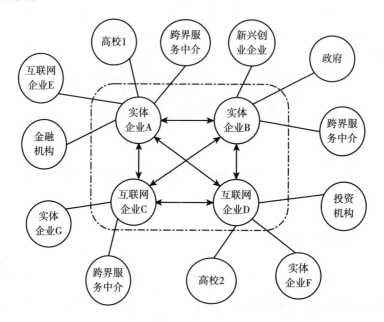

图 2 - 3　嵌套型跨界创新联盟共生网络组织结构

2.2 跨界创新联盟创新系统构成

2.2.1　跨界创新联盟创新系统内涵及结构

系统论最早起源于生物领域，后来逐渐应用于其他领域。自熊彼特于 1928 年提出创新理论以来，大量学者从不同视角、不同对象等对创新展开了研究，其中技术创新主要经历了技术推动、市场推动、技术市场耦合、集成一体化、创新系统化与网络化五个演化阶段（Rothwell，1994）。而创新系统论的发展演化过程主要经历了从宏观到中观再到微观的转化，即国家创新系统、区域创新系统、企业创新系统等概念的相继提出。

1. 国家创新系统

国家创新系统主要以伦德华尔（Lundvall）、弗里曼（Freeman）和纳尔逊（Nelson）等的研究为理论基础，是一个国家公共部门、私营部门等机构间相互作用而形成的创新网络，强调通过国家创新政策的制定、创新机制、创新基础设施的建设、创新资源的供给与配置支撑国家创新事业，促进知识的产生、扩散与应用。我国创新系统早期强调以政府为主导、充分发挥市场配置资源的作用，后来根据国家发展情况逐渐转向以坚持企业创新为主体，强调产学研政企协同发展，共同提升国家创新系统整体效能，实现国家经济的全面发展。

2. 区域创新系统

区域创新系统是指地理区域邻近的企业、学研机构、地方政府和服务机构等创新主体，借助区域地理优势，充分发挥集聚作用，通过互动学习、知识共享与整合来开展区域创新活动，增强区域创新能力和竞争力，带动区域产业和经济的发展。区域创新系统具有区域行业特色，为国家创新系统承担某些创新任务。

3. 企业创新系统

企业创新系统是指企业技术创新活动有关的各类创新要素之间共同作用而形成的有整体功能的有机整体。企业创新系统主要经历了以研发为中心的自主创新系统、基于内外协同的创新系统、基于企业战略导向的创新系统到强调"生态性"的创新生态系统的演化路径。

4. 跨界创新联盟创新系统

跨界创新联盟的内在就是通过构建一个创新系统，实现单个创新主体无法达到的整体最优效益。结合以上研究成果和系统观，本书认为跨界创新联盟创新系统是联盟内外跨界创新主体、创新资源、创新过程等各要素围绕联盟创新战略，按照一定的规则合理组合运行形成的生态系统，也是支撑和保障联盟创新活动有效开展的系统性制度安排。跨界创新联盟创新系统是一种介于国家创新系统与企业创新系统之间的创新系统，与国家创新系统、区域创新系统、企业创新系统关系衔接，具体如下。

（1）衔接国家创新系统。根据国家创新发展战略与政策，跨界创新联盟创新系统结合自身创新发展需求与国家创新战略引导进行创新活动，承担部分国家创新任务，争取在国家创新系统中占据一定功能位置。

（2）衔接区域创新系统。虽然区域创新系统注重地理上存在分工和关联关系的生产性企业、学研机构等进行创新，强调区域特色行业与产业的创新发展，但跨界创新联盟创新系统也可能是区域创新系统的部分子系统，是同一区域跨行业的多个创新主体，根据自身创新发展需要与资源条件，开展区域创新系统已布局或未布局领域的相关创新活动，争占区域创新系统重要位置、承担任务。

（3）衔接企业创新系统。从微观角度分析，跨界创新联盟创新系统是由多个跨界企业创新系统组成的复杂系统。企业创新系统可根据企业发展战略采取联盟合作的方式共同创新，共享联盟创新系统的创新成果。

跨界创新联盟创新系统结构主要包括五个部分：创新系统功能、创新过程、创新资源、参与创新主体及创新环境（见图2-4）。

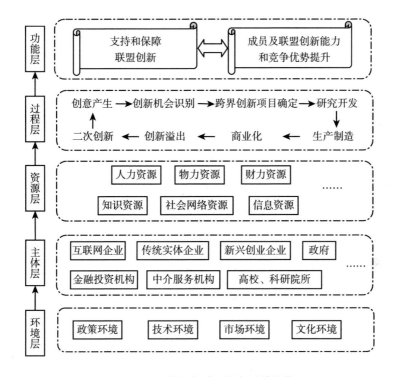

图 2-4　跨界创新联盟创新系统结构

2.2.2　跨界创新联盟创新系统要素构成

1. 创新主体

跨界创新联盟创新系统中不同创新主体承担不同的角色作用，彼此之间通过不断地共享与协同，促进联盟创新的产生。创新主体主要有以下几种。

（1）互联网企业。互联网企业作为跨界创新联盟的核心参与主体，凭借其强大的信息技术与资源聚集能力，在联盟承担着资源整合和跨界联结的作用。互联网企业能够为联盟成员提供先进的智能信息技术，如移动互联网技术、大数据技术、人工智能技术、云计算服务、传感技术、物联网技术等，使得实体企业可以借助互联网技术实现技术、产品的智能互联化，以及商业模式的创新。互联网信息技术加速了成员间的信息传播速度，减少了信息不对称引发的交易成本，为联盟内各主体的跨界协作提供了联结平台。

（2）传统实体企业。传统实体企业作为跨界创新联盟的关键参与主体，为联盟开展跨界创新活动提供其拥有的制造技术、管理经验、操作技术、制造仪器设备、厂房等制造资源。实体企业在研发、试验、生产制造、商品化等创新环节提供必要的实体创新资源。实体企业作为跨界创新联盟的核心创新产品载体，为互联网企业的技术落地提供了关键场所。实体企业通过联结互联网资源进入发展的快车道，运用先进的信息技术和新模式实现实体经济的高质量发展，创造出数字化、智能化、网络化的新产品，推动传统产业转型升级。

（3）高校、科研院所。高校、科研院所是科技创新研发的主要源头和守护者，能够为联盟提供大量的科研成果以及关键核心技术，联盟通过对科学理论的技术转化，实现科技成果的现实价值。高校、科研院所通过培育跨界人才和科研人才向联盟注入更多的人力资本，为联盟开展创新活动提供更多的创新资源。在跨界创新联盟中，高校、科研院所承担起重要的知识创造与传播角色。

（4）跨界创新服务中介。跨界创新服务中介是跨界创新知识联结和传递的桥梁，是跨界创新不可或缺的中介组织。对创新网络中的信息进行有效整理、分类、集成与管理，为联盟成员企业提供专业化的咨询服务、科技信息服务，为跨界创新活动的顺利运行提供必要的专业化信息咨询服务。

（5）金融投资机构。金融投资机构是联盟跨界创新中的一支重要力量，对创新进程中的资金来源进行平衡。跨界创新活动的本质是互联网企业与实体企业两个跨越行业边界的组织进行技术创新研发，这决定了其是一项高投入、高风险的创新项目，特别是技术研发或应用的初期需要注入大量的资金。金融投资机构能够为联盟跨界创新活动的顺利开展提供持续的资金支持。此外，作为专业化的投资团队，投资机构对于跨界创新有着更强的市场敏感度，能够为联盟提供创新资源匹配。

（6）政府。政府作为跨界创新联盟创新系统的一个特殊参与者主体，主要起到制度建设、引导、协调、监督作用，具体体现在以下方面。一是政府可以通过建立完善的知识产权保护机制、法律法规制度，为企业开展跨界创新活动提供基础的政策支撑与环境保障。二是跨界创新合作行为作为提升生产力的重要路径，对科技发展起着重要作用，政府可以通过各种资金支持、政府优惠和基金引导来帮助跨界企业间开展合作创新。三是在联盟各创新主体之间发生经济纠纷、利益冲突等不同类型冲突时，政府可以通过权衡各方利益，采取一定的措施尽量解决冲突问题，起到关键的协调作用。四是政府在环境保护、消费者权益和社会伦理等方面监督着联盟各成员的基本行为，防止其偏离社会认知的底线。

2. 创新资源

具体从创新资源的内涵、特征、分类三方面进行分析。

（1）创新资源的内涵。资源是任何企业或组织得以立足和发展的基石，不同学者对资源的定义与理解各有差异。沃纳费尔特（Wernerfelt，1984）将资源定义为一个能够描述既定企业的各种优势和劣势的元素。巴尼（Barney，1991）认为企业资源是企业所有的资产、能力、组织流程、企业属性特征、信息和知识的总和，其能够被企业自由控制，并且实现企业绩效目标。格兰特（Grant，2002）对资源的定义较为简洁，将其视为企业在生产过程中的一切输入物，并将资源分为财务资源、物力资源、人力资源、技术资源、声誉资源和组织资源六类。阿米特和休梅克（Amit and Schoemaker，1993）认为资源是企业拥有所有权或控制的一切可用要素。马修斯（Mathews，2002）认为资源是价值产生和创造的基本元素，并不是独立存在的，不但存在于企业中，可以在企业内部建设，也可以通过买卖交易获取所有生产性资产。从以上学者的不同定义可以了解到，对于资源具有代表性的解释主要划分为两类：一类是资源是一种能够为企业带来优势或者效率的东西，可以在企业内部建设，也可以通过买卖获取；另一类是资源是企业在生产过程中可控的输入物。本书认为，资源是由企业长期积累、被企业控制并拥有使用权利的各种要素的总和，是企业获取生存和有利竞争优势的必要条件和基础要素。

资源是企业拥有并控制的基础要素，而创新资源是企业在创意、研发、生产、商业化等创新过程中所需的核心要素。关于创新资源的研究兴起于20世纪90年代，而创新资源的概念与科技资源、技术创新资源、科技创新资源等的概念相类似。无论从哪种视角分析创新资源，学者们都得到了一致共性观点：创新资源是一种区别于自然资源的关键要素，并非天然形成的，而是可以后天创造的可再生的资源。这对创新研发活动的开展非常重要。由于研究的视角和领域不同，对于创新资源的定义，学者们通常从广义和狭义两个视角加以解析。张震宇和陈劲（2008）从广义的视角指出，创新资源是所有支撑企业技术创新实现的物质和非物质资源要素的集合统称，涵盖了直接参与创新活动的各创新链节点的全部种类资源；从狭义的视角指出，创新资源主要是指那些直接投入技术创新活动，而且对创新绩效具有决定性作用的各类资源。麦克弗森等（Macpherson et al.，2015）认为创新资源是一个企业进行创新活动的基础要素，是衡量企业创新能力的重要指标。张永安和李晨光（2010）认为创新资源是一种新的物质和非物质资源组合形态，用于实现企业或者创新主体的创新绩效和提高核心竞争优势。许庆瑞等（2005）认为创新要素是指作为创新活动的投入资源直接产出科技资源，包括人才、资金、技术、环境、政策、管理、制度等。综合上述学者的观点，本书认为创新资源是指企业进行创新活动的各个阶段所需的人才、资本、技术、基础设施等各类资源要素的集合。

（2）创新资源的特征。跨界创新联盟资源具有差异性、流动性、价值性、互补性、稀缺性，具体特征如下。

一是差异性。跨界创新联盟资源是由来自不同行业、领域的成员企业共享各自资源构成的，跨行业、领域的资源自身属性决定了联盟资源存在一定的差异性，这种差异性主要体现在行业资源、文化、规则等方面的差异。

二是流动性。资源一直伴随着企业的各种业务在地理空间与虚拟空间中不断流动，跨界创新联盟的资源只有在成员间跨界流动，才能实现资源的价值增值。在跨界创新联盟具体实施过程中，资源依托项目的变化而处于流动状态。

三是价值性。任何一种资源都有其存在的价值性，企业加入联盟就是为了更好地获取所需资源，所以联盟资源对联盟企业进行创新活动一定是有价值的。这种价值性体现在联盟不断发展进化的整个轨迹中的多层次、多方面上，跨界创新产品研发速度的提升、生产质量的稳定和销售渠道的拓展等目标价值都需要建立在资源价值基础上。

四是互补性。跨界创新联盟资源的互补性表现在联盟内部企业成员的多样性上，单个企业很难拥有进行跨界创新活动所需要的一切资源，但是联盟内不同的企业可以提供各种各样的资源，经过整合之后，可以弥补单个企业资源的不足，支持其进行跨界创新活动，发挥资源优势互补与协同效应。

五是稀缺性。资源并不是取之不尽的，大多数资源会在消耗的同时变得稀缺。有些企业拥有其他企业没有的资源，这些资源便成为一种稀缺资源。跨界创新联盟中的一些企业拥有其他企业没有的稀缺资源，与别的企业合作，共享其他企业拥有的各类资源，可以对这些稀缺资源进行进一步开发，使其价值得到进一步提高。

（3）创新资源的分类。对于创新资源的分类，不同学者根据不同的标准和视角进行了划分。霍尔（Hall，1992）等根据资源存在的形态将组织资源分为无形资源和有形资源。其中，有形资源是能够看见的和具有物理特征的资源，如各种仪器、设备、资金等；无形资源是物理特征不明显的资源，如企业的文化、声誉、制度、社会关系，还包括人力资源、专利知识、员工技能等。对于无形资源的划分，霍尔（1992）还从"人"的视角，将无形资源分为"依赖于人"的资源，如技能诀窍、文化、企业声誉等和"独立于人"的资源，如合同、商业机密、许可证等。野中和竹内（Nonaka and Takeuchi，1996）根据组织资源的表现形式将资源划分为显性资源和隐性资源。其中，显性资源是可以用语言、符号或知识表示的事物，如产品设计图、专利技术、企业管理方式等；隐性资源则是指那些企业拥有但难以形式化表示的事物，如新设计想法、新商品概念等。周寄中等（2002）从资源存在性质的角度将创新资源划分为技术资源、人力资源、信息和知识资源。巴尼（1991）将企业资源划分为物质资本资源、人力资本资源和组织资本资源。其中，物质资本资源主要包括企业生产的各种仪器、设备、原料等；人力资本资源是指企业的员工及其所具有的工作经验、社会关系网络、个人技能和知识储备等；组织资本资源主要是指企业与其他企业或外部环境的关系，有的学者也将这种资源称为关系资源。米勒和沙姆西（Miller and Shamsie，1996）将组织资源划分为基于所有权的资源和基于知识的资源。陈宏愚（2003）认为科技创新资源是指直接或间接推动科技技术进步的所有资源，包括科技知识、科学技术、市场信息和产业基础等基本资源要素，还包括创新不可或缺的人才、资金、设备、服务等资源。普雷姆和巴特勒（Priem and Butler，2001）从广义视角将创新资源划分为人力资源、物力资源、财力资源、信息资源和组织资源。林嵩等（2005）根据创新资源的来源将创新资源划分为五类：一是基本要素，包括知识、技术、信息；二是产业创新主体要素，包括企业家、技术专家、技术工程师及技术工人；三是政府体制要素，包括政府政策制度及法律法制；四是投入要素，包括资金和基础设备仪器；五是服务环境要素，包括文化环境、市场环境、投资环境。博比科和贝拉德（Bobick and Berard，2011）将创新资源分为科技人力、科技财力、科技装备和科技信息资源，并认为科技人力资源和科技财力资源是科技资源的关键条件。上述学者从不同的标准和视角对资源进行分类，无论哪一种分类方法都具有一定的科学合理性，为本书对创新资源的分类提供了参考价值。

　　跨界创新联盟资源的构成比较复杂，由于联盟成员的多样性与差异性，除了由联盟成员共享的资源外，还有联盟长期积累拥有的大量资源。在综合上述学者对资源分类方法的基础上，本书结合跨界创新联盟特征及组织结构，将跨界创新联盟的资源划分为人力资源、财力资源、物力资源、信息资源、知识资源和社会网络资源六类（见图2-5）。每一种资源都具有各自独特的功能属性，其中，人力资源、财力资源和物力资源为跨界创新联盟有效正常运行提供基础营养成分，是跨界创新联盟的基础资源；信息资源和知识资源是跨界创新联盟的内部资源，代表着跨界创新联盟的核心竞争力资源；社会网络资源是跨界创新联盟的外围资源，为跨界创新联盟的有效运行提供辅助支持，是联盟的辅助资源。

　　其一，基础资源。基础资源是一切联盟正常运行过程中所必须具备的资源，主要包括人力资源、财力资源和物力资源。人力资源是联盟进行创新活动的根本源头，主要是指联盟的技术创新员工或者创新团队及其所具有的工作经验、个人技能和知识储备等，即能为联盟提供各种所需的人力资本；财力资源是开展一切创新活动必备的资源，包括来自跨界创新联盟成员企业的资金资源支持、政府的财政补贴与税收优惠，以及来自金融投资机构的风险投资资金，这些都是直接关乎跨界创新项目

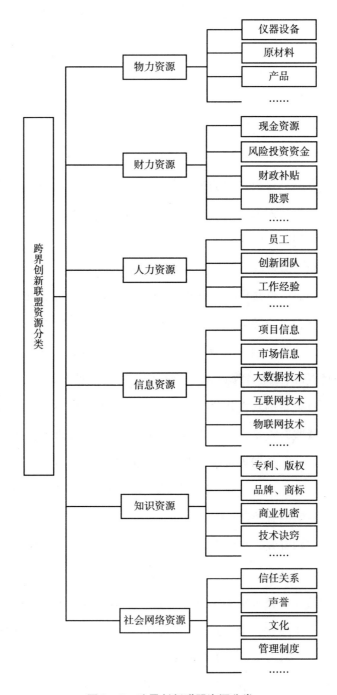

图2-5 跨界创新联盟资源分类

或活动成败的主要财力因素；物力资源是指联盟研发创新所需的各种基础仪器设备、原材料等。一般来说，联盟的基础资源越多，联盟的规模和竞争能力就会越大。

其二，信息资源。狭义的信息资源主要是指信息本身内容，即经过加工处理，对决策有用的数据。广义的信息资源包括信息活动中的各种要素，如信息及信息技术等。基于"互联网＋"的创新活动，促进了跨界资源的重组与整合，推动了互联网嵌入技术、商业模式、服务体系的创新，加快了新的技术、产品、产业形态的形成。随着互联网内涵的不断延伸与扩展，互联网表现出明显的资源性特征，已不再是简单的一种网络技术工具或者网络应用平台。互联网资源作为当代社会经济发展的一类战略性新兴人造资源，已经成为现代产业或组织创新必不可缺的一种关键资源要素，正在推动新一轮产业经济转型及创新管理方式变革（杨善林等，2016）。同时，大数据作为互联网衍生而来的另一种重要人造资源，具有重要的决策有用性与高价值性，也是联盟跨界创新活动极为重要的战略性资源。因此，本书将这种互联网衍生的相关信息及信息技术资源作为信息来源和信息处理技术的重要信息资源，主要指移动互联网、大数据、物联网、云计算、人工智能技术资源等。

其三，知识资源。知识资源是通过智力劳动发现和创造的人类知识，建立在信息和知识挖掘技术的基础上，可以被组织重复挖掘利用，是联盟创新活动必不可缺的重要资源。主要包括跨界创新联盟各成员所具有的技术诀窍、技能、品牌、专利、版权、商业机密等无形资源和知识产权以及技术流程、管理经验和方法等组织管理资源。知识资源与一般的物质资源相比，具有相对稀缺性、增值性、共享性，这些性质决定了知识资源对联盟进行创新创造价值、获取竞争优势具有重要的作用。

其四，社会网络资源。社会网络资源是指联盟成员间、成员与利益相关者及其他社会组织通过交互作用而形成的社会关系或社会资本。在跨界创新联盟不断发展进化的整个轨迹中，需要不间断地与外界产生联系，如获取国家创新政策补贴、收集原始创意资料等。从联盟的战略层面分析，优质的社会网络资源是增加联盟整体竞争优势不可或缺的要素资源，更是联盟的一种特有的价值资产。跨行业、领域等组织边界的成员之间通过交互所形成的联盟网络信任关系、跨界创新文化氛围、联盟影响力及声誉、联盟管理制度都是跨界创新联盟独有的网络资源，这些资源并不能被每个独立成员所拥有。除此之外，跨界创新联盟的每个成员都存在各自独立的社会关系资源，这些关系资源也为联盟及时获取创新资源提供辅助支持作用。

3. 创新环境

（1）政策环境。创新作为引领国家发展的重要战略，国家已先后推出了一系列推动"创新创业，跨界融合"的相关政策，如提出"互联网＋""中国制造2025"等重大战略，推进互联网、大数据、人工智能和制造业、服务业、信息业、农业等实体经济跨界融合，培育经济社会发展新动能。这些国家政策为跨界创新联盟创新系统持续创新提供了有效的政策体系。

（2）市场环境。社会对智能化的需求推动了传统企业与互联网信息技术企业的跨界创新，并加快了跨界创新的速度，为企业跨界合作创新提供了一定的市场环境。

（3）技术环境。互联网信息技术的发展推动了企业跨界合作创新的进程。互联网、人工智能等技术加快了信息流动速度，打破了原本信息不对称的壁垒，为企业间跨界共享与整合提供了支持，助力各方价值创造环节的渗透融合。

（4）文化环境。由于跨界成员企业具有不同社会背景、组织文化、制度及价值观，文化环境影响联盟企业跨界合作创新行为。跨越认知、思维、领域、文化等界限的交流与合作，有助于打破企业固有惯性，获取创新重大突破。

2.2.3　跨界创新联盟创新过程

跨界创新联盟创新活动是指为了获取更大的经济效益和竞争优势，通过跨界搜索信息和资源，形成新颖的创意与想法，将其部分商业化，并使创新成果在联盟内外应用和推广的过程。技术创新过程是一个从新的产品或工艺创意到真正商业化的过程，一般划分为创意的形成阶段、研究开发阶段、中试阶段、批量生产阶段、市场营销阶段、创新技术扩散阶段。鉴于此，跨界创新联盟创新过程具体可以划分为三个阶段：以加快创新产生为核心的创新驱动阶段；以实现创新成果为目的的跨界合作创新阶段；提升联盟整体创新能力的创新扩散阶段（见图 2-6）。跨界

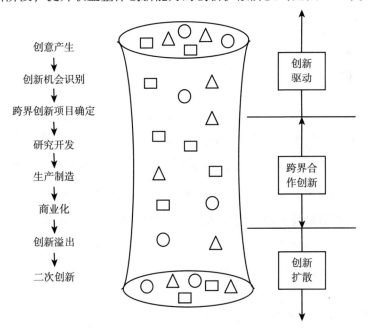

图 2-6　跨界创新联盟创新过程

创新联盟创新活动贯穿于联盟知识产生、创造和应用的整个创新链条，跨界创新联盟创新过程的划分是一种逻辑描述，在实际的创新运行中，各创新阶段不一定是线性序列递进的，有时存在着过程的循环与交叉。因此，跨界创新联盟创新过程具有动态性、交互性、协同性等特征。

1. 创新驱动阶段

跨界创新联盟各成员之间通过正式或非正式的交流、沟通、碰撞等信息交互行为，获取创新思想、灵感和创意。根据经济和市场需要，捕捉各种技术和市场机会，在满足技术、经济、环境等可行性分析的基础上，结合联盟创新战略和发展目标，确定最终跨界合作创新项目。在该阶段通过创新动力的驱动，促使跨界创新联盟各成员建立紧密的合作关系，向获利更高、技术与市场更有潜力的方向发展。

2. 跨界合作创新阶段

跨界合作创新方式建立在以异质资源互补为前提，合作各方具有明确创新目标、合作条件和合作规则的基础上，共同参与创新投入，共享创新成果、共担创新风险，充分利用各方优势，加速研究开发进程。相对于成员企业内部研究而言，跨界合作创新更强调通过不同行业、领域成员的知识、技术等创新资源的有机融合，研制出一种可供利用的新技术或产品。该阶段主要包括研究开发、生产制造、商业化等过程，而跨界创新行为则主要发生在研究开发阶段，注重新技术的开发与应用，特别是互联网信息技术与传统制造技术的交叉融合，参与创新的各成员共享自身可贡献的异质性资源，直到新技术或产品完成批量生产，实现形成价值与使用价值，获取经济效益。

3. 创新扩散阶段

由于知识的溢出效应，形成的技术专利等创新成果被赋予新的用途，被应用于新的领域，进入新的市场，进而可能形成二次创新，保证联盟创新活动的持续性，促进联盟及成员创新能力的提升。

2.3 跨界创新联盟创新系统共生演化分析

2.3.1 跨界创新联盟共生网络概念模型

共生最早由德国生物学家德贝里于 1879 年提出，是指不同种属按某种物质联系在一起，形成共同生存、协同进化的关系。埃利希和雷文（Ehrlich and Raven，1964）提出了共生演化的概念，认为虽然适者生存的竞争关系是推动事物发展进步的根本动力，但是在生物界还普遍存在着共生演化的现象，通过与其他物种建立联系共同生存与进化，保持种群稳定增长。跨界创新联盟创新系统与自然生态系统相似，都具有种群多样性、环境适应性、动态演化性、开放协同性等。跨界创新联盟创新系统本质上是两个或两个以上的跨越行业、领域等界限的企业间为了实现突破创新，与其所处环境相互作用、相互依赖、相互制约而形成的复杂创新生态系统（张影等，2022）。弱竞争与强协作是跨界创新联盟创新系统各跨界创新主体之间关系共生演化的内核驱动力。因此，从共生演化的视角能更清晰地分析跨界创新联盟创新系统的形成、成长的演化过程。

共生演化理论认为，物种只有与其相关物种通过资源互补建立持续的合作关系才能在群体中占据有利地位，并最终推动群体不断演化。跨界创新联盟各成员通过异质创新资源的跨界整合和互动而形成相互影响、相互关联、相互依赖的跨界共生体，由原本互不相干的企业独立发展逐渐向共生、共适、共进协同演化转变。共生演化是跨界创新联盟创新系统稳定长期运行、有序发展、强大兴盛的最佳演化路径。跨界创新联盟共生系统是由共生单元、共生基质、共生界面、共生环境和共生模式五个要素构成，这些要素之间相互联系、相互作用，影响着跨界创新联盟共生经济体的发展演化过程及规律。在跨界联盟创新共生环境中，随着共生基质在实体企业、互联网企业和配套组织等不同共生单元中的跨界交互，以不同的共生模式在所形成的共生界面上进行价值创造与价值获取等创新活动，产生新的共生能量在各共生单元间循环与分配，保持持续协同的创新发展（见图2－7）。

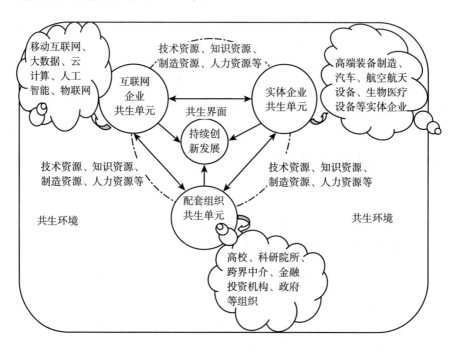

图 2－7　跨界创新联盟共生网络概念模型

2.3.2　跨界创新联盟共生要素

跨界创新联盟的共生要素主要包括共生单元、共生基质、共生界面及共生模式。

1. 共生单元

共生单元是构成共生关系、能量生产和交换的基本单位。跨界创新联盟生态系统中的共生单元主要由互联网等新兴相关企业（如互联网、云计算、大数据、人工智能、物联网等从事数字信息技术相关的新兴科技企业）、实体企业（如高端装备制造、新能源汽车制造、航空航天设备制造、生物医疗制造等）、配套组织（如高校、科研院所、金融投资机构、政府、跨界创新服务机构）等构成。其中，互联网企业和实体企业是联盟的核心企业，是刚性的存在，而配套组织相对来说是弹性的存在。

2. 共生基质

共生基质在自然生态系统中是指共生单元的信息、物质和能量，具体到跨界创新联盟生态系统中，共生基质表示共生单元间的异质、互补性的创新资源，如知识资源、技术资源、人力资源、物力资源、信息资源、金融资源、市场资源、社会资本等。其中，互联网企业的关键资源是移动互联网技术、大数据技术、人工智能技术、云计算服务、传感技术、物联网技术等先进智能信息技术，实体企业的关键资源是运营技术、制造知识、管理经验、制造仪器设备等制造资源，配套组织的关键资源是研发技术、人才、金融、咨询服务、科技信息服务、优惠政策等资源。

3. 共生界面

共生界面是跨界创新联盟共生单元间信息传递、物质循环、能量流动的媒介和载体，是共生关系形成和发展的基础条件，包括跨界创新平台、跨界创新服务中介机构、联盟制度、技术与产品的模块接口等。互联网企业、实体企业和配套组织通过共生界面实现异质互补性资源的跨界整合和互动会产生新的资源和能量，新资源和能量又在共生单元间循环分配，从而增加各共生主体的竞争力，激发各共生主体协同进化，促进跨界创新联盟生态系统的共生演化发展。共生环境是跨界创新联盟得以生存和发展的生态环境，综合共生单元之外的所有因素，主要包括政府政策环境、社会经济环境等对跨界创新联盟的支撑辅助环境要素。

4. 共生模式

共生模式是指自然生态系统中种群相互作用的方式和合作形式，体现了共生单元之间物质、能量和信息的耦合互动关系，也反映了共生单元间相互作用的影响强度。根据共生单元的能量和利益关系属性，可以划分为竞争共生、寄生共生、偏利共生、互惠共生等主要共生模式。寄生共生模式在跨界创新联盟创新系统中表现为实体企业通过嵌入整合互联网企业的大数据分析技术、云服务、人工智能技术和配套组织的互补性资金资源、科技服务资源等，逐步产生新技术、产品、服务等新能量，实现实体制造企业的数字化、网络化、智能化。随着新能量的增加，互联网企业和实体企业的种群规模逐渐扩大，所创造的新价值不断提升，而配套组织对互联网和实体企业的强大资金资源、市场资源、品牌资源等的依赖性越来越大，以致所获取的价值不断减少；或者是互联网企业和配套组织依托实体制造企业向智能制造升级转型的庞大信息技术与服务需求，其讨价还价能力不断增强而导致实体企业获取的价值不断减少，互联网企业和配套组织规模不断扩大，所创造和获取的价值不断提升；实体企业随着时间的演化掌握了所需的核心信息技术和知识，结合自身运营技术与知识、经验，开发适合制造业务信息化、智能化的工业互联网平台，并向外提供服务，其所创造的价值不断提升，而互联网企业和配套组织的价值减少，或者还会出现由于制造企业和配套组织对智能信息技术的依赖性越来越强，而导致互联网企业价值有所提升，实体企业和配套组织价值减少等任意两方的价值提升或减少，而剩余一方价值减少或提升的共生模式。偏利共生模式是指实体企业依赖互联网企业和配套组织的异质性创新资源持续产生新的能量，不断扩大种群规模，提高价值创造水平，而互联网企业和配套组织获取的价值保持不变，或互联网企业和实体企业价值创造和获取能力不断提升，而配套组织获取的价值保持不变等任意两方的价值提升或不变，而剩余一方价值不变或提升的共生模式。互惠共生模式分为非对称性互惠共生和对称性互惠共生两种类型。非对称性互惠共生模式表现为互联网企业、实体企业和配套组织三方的价值创造和获取能力均取得不同程度的提升；对称性互惠共生模式则表现为跨界创新联盟三方协同进行价值共创，价值获取能力是协同提升的。

2.3.3　跨界创新联盟创新系统共生演化模型

1. 模型构建

（1）研究假设。

假设 2.1：跨界创新联盟创新系统是由 i 个实体企业 $M_i(i=1,2,\cdots,n)$、j 个互联网企业 $T_j(j=1,2,\cdots,m)$ 和 l 个配套组织 $G_l(l=1,2,\cdots,v)$ 组成的三类共生主体开展跨界创新，实体企业、互联网企业和配套组织的种群数量受到资源、技术、制度等环境因素的制约，与自然生态系统的发展演化类似，都会经历从生存到消亡的过程。

假设 2.2：以实体企业 M_i（互联网企业 T_j 或配套组织 G_l）的种群规模变化表示实体企业 M_i（互联网企业 T_j 或配套组织 G_l）的成长过程，种群规模越来越大表示实体企业 M_i（互联网企业 T_j 或配套组织 G_l）成长良好，对跨界创新联盟创新系统中异质创新资源和技术的获取机会和占有率越来越大，进而创造和拥有的价值越大；实体企业 M_i（互联网企业 T_j 或配套组织 G_l）的种群规模越来越小，表示实体企业 M_i（互联网企业 T_j

或配套组织 G_l）发展越来越差，面临消亡趋势，其对系统异质创新资源和技术的获取机会及占有率越来越小，进而创造和拥有的价值越小；当异质创新资源和技术获取机会或有率为零时，表示实体企业 M_i（互联网企业 T_j 或配套组织 G_l）趋向消亡。

假设 2.3：实体企业、互联网企业和配套组织的成长过程均服从 Logistic 成长过程。由于种群增长受到系统资源和技术的约束，种群密度增长到一定程度时会导致增长率下降，当实体企业 M_i（互联网企业 T_j 或配套组织 G_l）的边际产出等于边际投入时，增长率为零，此时存在最大种群规模。

假设 2.4：实体企业、互联网企业和配套组织的自然增长率在理想条件下是受自身种群固有属性决定的，忽略种群进化的影响，自然增长率保持不变。

（2）跨界创新联盟创新系统共生演化模型。

设 $x_1(t)$、$x_2(t)$ 和 $x_3(t)$ 分别是实体企业、互联网企业和配套组织的种群规模，r_1、r_2、r_3 分别是三个共生单元种群规模的自然增长率，N_1、N_2、N_3 分别是系统资源有限情形下实体企业、互联网企业、配套组织种群规模的最大值。根据生态学 Logistic 生长方程，实体企业、互联网企业和配套组织的演化动力学模型为：

$$
\begin{cases}
dx_1/dt = r_1 x_1 (1 - x_1/N_1), x_1(0) = x_{10} \\
dx_2/dt = r_2 x_2 (1 - x_2/N_2), x_2(0) = x_{20} \\
dx_3/dt = r_3 x_3 (1 - x_3/N_3), x_3(0) = x_{30}
\end{cases}
\tag{2-1}
$$

其中，x_{10}、x_{20} 和 x_{30} 分别表示实体企业、互联网企业和配套组织的初始种群规模；$r_1 x_1$、$r_2 x_2$ 和 $r_3 x_3$ 分别表示实体企业、互联网企业和配套组织自身成长发展趋势；$1 - x_1/N_1$、$1 - x_2/N_2$ 和 $1 - x_3/N_3$ 是 Logistic 系数，分别表示实体企业、互联网企业和配套组织对有限资源的消耗而产生的对其自身种群规模增长的阻滞作用。

同自然生态系统一样，跨界创新联盟创新系统中互联网企业种群、实体企业种群和配套组织种群的增长率除了受到自身种群规模的影响以外，还会受到其他种群规模的影响。因此，本书考虑了实体企业、互联网企业和配套组织三者之间相互共生作用对种群规模增长率的影响，引入共生系数表示种群共生作用的强弱对种群规模的影响。在共生条件下，实体企业、互联网企业和配套组织的演化动力学模型为：

$$\begin{cases} \mathrm{d}x_1/\mathrm{d}t = r_1 x_1 (1 - x_1/N_1 - \beta_{21}x_2/N_2 - \theta_{31}x_3/N_3), x_1(0) = x_{10} \\ \mathrm{d}x_2/\mathrm{d}t = r_2 x_2 (1 - x_2/N_2 - \alpha_{12}x_1/N_1 - \theta_{32}x_3/N_3), x_2(0) = x_{20} \quad (2-2) \\ \mathrm{d}x_3/\mathrm{d}t = r_3 x_3 (1 - x_3/N_3 - \alpha_{13}x_1/N_1 - \beta_{23}x_2/N_2), x_3(0) = x_{30} \end{cases}$$

其中，α_{12} 和 α_{13} 分别表示实体企业对互联网企业和配套组织的共生作用系数，β_{21} 和 β_{23} 分别表示互联网企业对实体企业和配套组织的共生作用系数，θ_{31} 和 θ_{32} 分别表示配套组织对实体企业和互联网企业的共生作用系数。

2. 共生演化模式及稳定性分析

根据 α_{12}、α_{13}、β_{21}、β_{23}、λ_{31}、λ_{32} 不同取值组合，能够判别系统的共生模式（见表 2-2）。

表 2-2　　　　　　　　　　　共生演化模式判断

α_{12}、α_{13}、β_{21}、β_{23}、θ_{31}、θ_{32} 的不同取值组合	共生演化模式
α_{12}、α_{13}、β_{21}、β_{23}、θ_{31}、θ_{32} 均等于 0	独立共存模式，三个单元互不影响，独立演化发展
$\alpha_{12}+\theta_{32}>0$，$\alpha_{13}+\beta_{23}>0$，$\beta_{21}+\theta_{31}>0$	恶性竞争模式，三个单元不存在共生关系
$\alpha_{12}+\theta_{32}<0$，$\alpha_{13}+\beta_{23}>0$，$\beta_{21}+\theta_{31}>0$；$\alpha_{13}+\beta_{23}<0$，$\alpha_{12}+\theta_{32}>0$，$\beta_{21}+\theta_{31}>0$；$\beta_{21}+\theta_{31}<0$，$\alpha_{12}+\theta_{32}>0$，$\alpha_{13}+\beta_{23}>0$；或 $\alpha_{12}+\theta_{32}>0$，$\alpha_{13}+\beta_{23}<0$，$\beta_{21}+\theta_{31}<0$；$\alpha_{13}+\beta_{23}>0$，$\alpha_{12}+\theta_{32}<0$，$\beta_{21}+\theta_{31}<0$；$\beta_{21}+\theta_{31}>0$，$\alpha_{13}+\beta_{23}<0$，$\alpha_{12}+\theta_{32}<0$	寄生共生演化模式，任意两个单元均受损（其他两个单元的共同作用之和，即共生作用系数之和为正），另一个单元受益（共生系数作用之和为负）；或者任意两个单元均受益（共生系数之和为负），另一个单元受损（共生系数作用之和为正）

α_{12}、α_{13}、β_{21}、β_{23}、θ_{31}、θ_{32} 的不同取值组合	共生演化模式
$\alpha_{12}+\theta_{32}<0$，$\alpha_{13}+\beta_{23}=0$，$\beta_{21}+\theta_{31}=0$； $\alpha_{13}+\beta_{23}<0$，$\alpha_{12}+\theta_{32}=0$，$\beta_{21}+\theta_{31}=0$； $\beta_{21}+\theta_{31}<0$，$\alpha_{12}+\theta_{32}=0$，$\alpha_{13}+\beta_{23}=0$； 或 $\alpha_{12}+\theta_{32}=0$，$\alpha_{13}+\beta_{23}<0$，$\beta_{21}+\theta_{31}<0$； $\alpha_{13}+\beta_{23}=0$，$\alpha_{12}+\theta_{32}<0$，$\beta_{21}+\theta_{31}<0$； $\beta_{21}+\theta_{31}=0$，$\alpha_{13}+\beta_{23}<0$，$\alpha_{12}+\theta_{32}<0$	偏利共生演化模式，任意两个单元价值均无影响（其他两个单元的共同作用之和，即共生作用系数之和为0），另一个单元受益（共生作用系数之和为负）；或者任意两个单元受益（共生作用系数之和为负），另一个单元价值无影响（共生作用系数之和为0）
$\alpha_{13}+\beta_{23}<0$，$\alpha_{12}+\theta_{32}<0$，$\beta_{21}+\theta_{31}<0$	当任意两个单元的共生作用系数之和均为负，且大小不同时，三个单元之间为非对称性互惠共生模式；若大小相同时，则为对称性互惠共生模式

由此可知，跨界创新联盟创新系统的共生演化结果由共生作用系数之和的取值大小决定。为了探讨三种跨界创新主体之间共生演化的结果，可以对式（2-2）的平衡点进行稳定分析。令 $\mathrm{d}x_1/\mathrm{d}t=0$、$\mathrm{d}x_2/\mathrm{d}t=0$、$\mathrm{d}x_3/\mathrm{d}t=0$，能够得到互联网企业、实体制造企业和配套组织共生演化的 8 个局部平衡点，分别为 $E_1(0,0,0)$、$E_2(N_1,0,0)$、$E_3(0,N_2,0)$、$E_4(0,0,N_3)$、

$$E_5\left(\frac{N_1(1-\theta_{31})}{1-\theta_{31}\alpha_{13}},\ 0,\ \frac{N_3(1-\alpha_{13})}{1-\theta_{31}\alpha_{13}}\right),\ E_6\left(0,\ \frac{N_2(1-\theta_{32})}{1-\theta_{32}\beta_{23}},\ \frac{N_3(1-\beta_{23})}{1-\theta_{32}\beta_{23}}\right),$$

$$E_7\left(\frac{N_1(1-\beta_{21})}{1-\beta_{21}\alpha_{12}},\frac{N_2(1-\alpha_{12})}{1-\beta_{21}\alpha_{12}},0\right),E_8\left(\frac{N_1(1-\theta_{31}-\beta_{21}+\beta_{21}\theta_{32}+\theta_{31}\beta_{23}-\theta_{32}\beta_{23})}{1-\beta_{21}\alpha_{12}-\theta_{31}\alpha_{13}-\theta_{32}\beta_{23}+\beta_{21}\theta_{32}\alpha_{13}+\theta_{31}\alpha_{12}\beta_{23}},\right.$$

$$\left.\frac{N_2(1-\theta_{32}-\alpha_{12}+\theta_{31}\alpha_{12}-\theta_{31}\alpha_{13}+\theta_{32}\alpha_{13})}{1-\beta_{21}\alpha_{12}-\theta_{31}\alpha_{13}-\theta_{32}\beta_{23}+\beta_{21}\theta_{32}\alpha_{13}+\theta_{31}\alpha_{12}\beta_{23}},\frac{N_3(1-\beta_{23}-\alpha_{13}-\beta_{21}\alpha_{12}+\beta_{21}\alpha_{13}+\alpha_{12}\beta_{23})}{1-\beta_{21}\alpha_{12}-\theta_{31}\alpha_{13}-\theta_{32}\beta_{23}+\beta_{21}\theta_{32}\alpha_{13}+\theta_{31}\alpha_{12}\beta_{23}}\right)。$$

动态演化系统的雅克比矩阵为：

$$J=\begin{bmatrix} A & -r_1\beta_{21}x_1/N_2 & -r_1\theta_{31}x_1/N_3 \\ -r_2\alpha_{12}x_2/N_1 & B & -r_2\theta_{32}x_2/N_3 \\ -r_3\alpha_{13}x_3/N_1 & -r_3\beta_{23}x_3/N_2 & C \end{bmatrix} \quad (2-3)$$

其中，$A=r_1(1-2x_1/N_1-\beta_{21}x_2/N_2-\theta_{31}x_3/N_3)$，

$\quad\quad B=r_2(1-2x_2/N_2-\alpha_{12}x_1/N_1-\theta_{32}x_3/N_3)$，

$\quad\quad C=r_3(1-2x_3/N_3-\alpha_{13}x_1/N_1-\beta_{23}x_2/N_2)$。

雅克比矩阵的行列式和迹分别记为 $Det(\boldsymbol{J})$ 和 $Tr(\boldsymbol{J})$。当 $Det(\boldsymbol{J})>0$ 且 $Tr(\boldsymbol{J})<0$ 时，系统达到演化稳定策略（ESS），其具体分析结果如表 2 - 3 所示。

表 2 - 3　　　　　　　　　共生演化平衡点及其稳定条件

均衡点	$Det(\boldsymbol{J})$	$Tr(\boldsymbol{J})$	ESS 条件
E_1	$r_1r_2r_3$	$r_1+r_2+r_3$	不稳定
E_2	$-r_1r_2r_3(1-\alpha_{12})(1-\alpha_{13})$	$-r_1+r_2(1-\alpha_{12})+r_3(1-\alpha_{13})$	$(1-\alpha_{12})(1-\alpha_{13})<0$
E_3	$-r_1r_2r_3(1-\beta_{21})(1-\beta_{23})$	$-r_2+r_1(1-\beta_{21})+r_3(1-\beta_{23})$	$(1-\beta_{21})(1-\beta_{23})<0$
E_4	$-r_1r_2r_3(1-\theta_{31})(1-\theta_{32})$	$-r_3+r_1(1-\theta_{31})+r_2(1-\theta_{32})$	$(1-\theta_{31})(1-\theta_{32})<0$
E_5	$r_1r_2r_3\left(1-\dfrac{1-\theta_{31}}{1-\theta_{31}\alpha_{13}}\right)\left(1-\dfrac{1-\alpha_{13}}{1-\theta_{31}\alpha_{13}}\right)$ $\left(1-\dfrac{\alpha_{12}(1-\theta_{31})+\theta_{32}(1-\alpha_{13})}{1-\theta_{31}\alpha_{13}}\right)$	$-r_1\left(1-\dfrac{1-\theta_{31}}{1-\theta_{31}\alpha_{13}}\right)-r_3\left(1-\dfrac{1-\alpha_{13}}{1-\theta_{31}\alpha_{13}}\right)$ $+r_2\left(1-\dfrac{\alpha_{12}(1-\theta_{31})+\theta_{32}(1-\alpha_{13})}{1-\theta_{31}\alpha_{13}}\right)$	$\left(1-\dfrac{1-\theta_{31}}{1-\theta_{31}\alpha_{13}}\right)\left(1-\dfrac{1-\alpha_{13}}{1-\theta_{31}\alpha_{13}}\right)<0$ $\cap\left(1-\dfrac{\alpha_{12}(1-\theta_{31})+\theta_{32}(1-\alpha_{13})}{1-\theta_{31}\alpha_{13}}\right)<0$
E_6	$r_1r_2r_3\left(1-\dfrac{1-\theta_{32}}{1-\theta_{32}\beta_{23}}\right)\left(1-\dfrac{1-\beta_{23}}{1-\theta_{32}\beta_{23}}\right)$ $\left(1-\dfrac{\beta_{21}(1-\theta_{32})+\theta_{31}(1-\beta_{23})}{1-\theta_{32}\beta_{23}}\right)$	$-r_2\left(1-\dfrac{1-\theta_{32}}{1-\theta_{32}\beta_{23}}\right)-r_3\left(1-\dfrac{1-\beta_{23}}{1-\theta_{32}\beta_{23}}\right)$ $+r_1\left(1-\dfrac{\beta_{21}(1-\theta_{32})+\theta_{31}(1-\beta_{23})}{1-\theta_{32}\beta_{23}}\right)$	$\left(1-\dfrac{1-\theta_{32}}{1-\theta_{32}\beta_{23}}\right)\left(1-\dfrac{1-\beta_{23}}{1-\theta_{32}\beta_{23}}\right)<0$ $\cap\left(1-\dfrac{\beta_{21}(1-\theta_{32})+\theta_{31}(1-\beta_{23})}{1-\theta_{32}\beta_{23}}\right)<0$
E_7	$r_1r_2r_3\left(1-\dfrac{1-\beta_{21}}{1-\beta_{21}\alpha_{12}}\right)\left(1-\dfrac{1-\alpha_{12}}{1-\beta_{21}\alpha_{12}}\right)$ $\left(1-\dfrac{\alpha_{13}(1-\beta_{21})+\beta_{23}(1-\alpha_{12})}{1-\beta_{21}\alpha_{12}}\right)$	$-r_1\left(1-\dfrac{1-\beta_{21}}{1-\beta_{21}\alpha_{12}}\right)-r_2\left(1-\dfrac{1-\alpha_{12}}{1-\beta_{21}\alpha_{12}}\right)$ $+r_3\left(1-\dfrac{\alpha_{13}(1-\beta_{21})+\beta_{23}(1-\alpha_{12})}{1-\beta_{21}\alpha_{12}}\right)$	$\left(1-\dfrac{1-\beta_{21}}{1-\beta_{21}\alpha_{12}}\right)\left(1-\dfrac{1-\alpha_{12}}{1-\beta_{21}\alpha_{12}}\right)<0$ $\cap\left(1-\dfrac{\alpha_{13}(1-\beta_{21})+\beta_{23}(1-\alpha_{12})}{1-\beta_{21}\alpha_{12}}\right)<0$
E_8	D	F	$Q<0$

注：$D=\dfrac{-r_1r_2r_3(1-\theta_{31}-\beta_{21}+\beta_{21}\theta_{32}+\theta_{31}\beta_{23}-\theta_{32}\beta_{23})(1-\theta_{32}-\alpha_{12}+\theta_{31}\alpha_{12}-\theta_{31}\alpha_{13}+\theta_{32}\alpha_{13})(1-\beta_{23}-\alpha_{13}-\beta_{21}\alpha_{12}+\beta_{21}\alpha_{13}+\alpha_{12}\beta_{23})}{1-\beta_{21}\alpha_{12}-\theta_{31}\alpha_{13}-\theta_{32}\beta_{23}+\beta_{21}\theta_{32}\alpha_{13}+\theta_{31}\alpha_{12}\beta_{23}}$,

$F=\dfrac{-r_1(1-\theta_{31}-\beta_{21}+\beta_{21}\theta_{32}+\theta_{31}\beta_{23}-\theta_{32}\beta_{23})-r_2(1-\theta_{32}-\alpha_{12}+\theta_{31}\alpha_{12}-\theta_{31}\alpha_{13}+\theta_{32}\alpha_{13})-r_3(1-\beta_{23}-\alpha_{13}-\beta_{21}\alpha_{12}+\beta_{21}\alpha_{13}+\alpha_{12}\beta_{23})}{1-\beta_{21}\alpha_{12}-\theta_{31}\alpha_{13}-\theta_{32}\beta_{23}+\beta_{21}\theta_{32}\alpha_{13}+\theta_{31}\alpha_{12}\beta_{23}}$,

$Q=(1-\theta_{31}-\beta_{21}+\beta_{21}\theta_{32}+\theta_{31}\beta_{23}-\theta_{32}\beta_{23})(1-\theta_{32}-\alpha_{12}+\theta_{31}\alpha_{12}-\theta_{31}\alpha_{13}+\theta_{32}\alpha_{13})(1-\beta_{23}-\alpha_{13}-\beta_{21}\alpha_{12}+\beta_{21}\alpha_{13}+\alpha_{12}\beta_{23})$。

3. 共生演化仿真分析

在参考相关文献的基础上，假设跨界创新联盟创新系统中实体企业、互联网企业和其他配套组织的物质和能量自然增长率分别为 $r_1=0.05$、

$r_2 = 0.03$ 和 $r_3 = 0.01$，特定资源有限条件下实体企业、互联网企业和其他配套组织独立发展能够达到的最大规模分别为 $N_1 = 1000$、$N_2 = 1000$ 和 $N_3 = 1000$，演化周期 $t = 900$。运用 Matlab 2016b 进行仿真模拟，探讨不同共生系数下，实体企业、互联网企业和其他配套组织共生演化模式情况，具体仿真结果如图 2−8 至图 2−16 所示。

（1）独立共存模式。如图 2−8 所示，实体企业、互联网企业和配套组织三者中任意两个单元间的共生系数均为零，三个单元在创新发展过程中互不影响、独立发展。经过一段时间，当三个单元处于平衡状态时，其种群规模上限是各自独立发展时的最大规模，发展速度受自身内在增长率的影响。

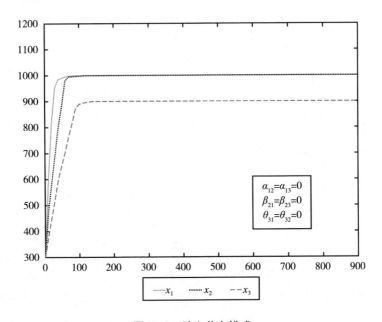

图 2−8　独立共存模式

（2）恶性竞争模式。实体企业、互联网企业和配套组织三者中任意两个单元与另一个单元的共生系数之和均大于零。如图 2−9 所示，实体企业、互联网企业和配套组织的发展除了受到自身种群内在的影响，还受到其他主体的恶性竞争，经历一段时间的发展，三者都未达到独立发展的最大规模上限。在实体企业和互联网企业对配套组织的共生作用系数之和大于 1（见图 2 - 10），恶性竞争较严重的情况下，配套组织因被实体企业和互联网企业消耗大量创新资源而逐渐消亡，实体企业和互联网企业则得以继续生存和发展。

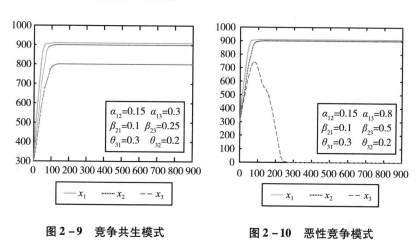

图 2 - 9　竞争共生模式　　　　图 2 - 10　恶性竞争模式

（3）寄生共生模式。寄生共生模式表现为以下两种情形：一种情形是实体企业、互联网企业和配套组织三者中任意两个单元的共生系数之和小于零，而另一个单元的共生系数之和大于零（见图 2 - 11）；另一种情形是任意两个单元的共生系数之和大于零，另一个单元的共生系数之和小于零（见图 2 - 12）。由于被寄生的配套组织（共生系数之和为负）的创新资源受到实体企业和互联网企业的消耗，其种群规模上限会下降，低于独立发展时的最大规模，实体企业和互联网企业因获取配套组织的创新资源而受益，其种群规模上限会提高，高于独立发展时的最大规模。或是被寄生的配套组织和互联网企业（共生系数之和为负）的创新资源由于受到实体企业的消耗，其种群增长上限下降，低于独立发展时的最大规模，而实体企业的种群规模增长上限因受益于其他两个单元而高于独立发展时的最大规模，其具体发展规模取决于共生系数之和的大小，共生系数之和的绝对值越大，发展规模就越大。

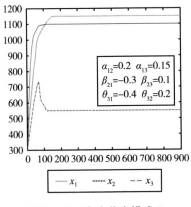

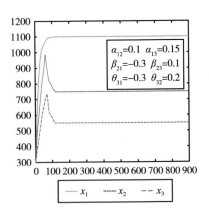

图 2 - 11　寄生共生模式 1　　　　　图 2 - 12　寄生共生模式 2

（4）偏利共生模式。偏利共生模式表现为以下两种情形：一种情形是实体企业、互联网企业和配套组织三者中任意两个单元的共生系数之和小于零，另一个单元的共生系数之和等于零（见图 2 - 13）；另一种情形是任意两个单元的共生系数之和等于零，而另一个单元的共生系数之和小于零（见图 2 - 14）。共生系数为零的配套组织种群规模增长上限没有变化，等于独立发展时的最大规模，共生系数之和为负的实体企业和互联网企业因获取配套组织的资源而受益，其种群规模上限高于独立发展时的最大规模。或者共生系数为零的互联网企业和配套组织的种群规模上限没有变化，等于独立发展时的最大规模，而共生系数之和为负的实体企业因获取互联网企业和配套组织的创新资源而受益，其种群规模上限会增加，高于独立发展时的最大规模。

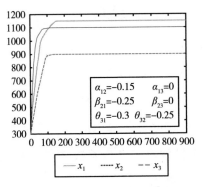

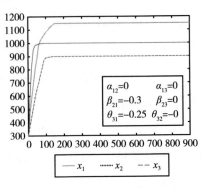

图 2 - 13　偏利共生模式 1　　　　　图 2 - 14　偏利共生模式 2

（5）互惠共生模式。如图 2 – 15 和图 2 – 16 所示，实体企业、互联网企业和配套组织三者中任意一个单元与其他两个单元的共生系数之和均小于零。三个单元之间互相作用共创产生新的资源、技术、产品等在各共生单元间分配，使得三个单元的种群规模上限大于独立发展时的最大规模。各单元的规模增幅上限与共生系数密切关联，共生系数之和的绝对值越大，规模上限增幅越大。

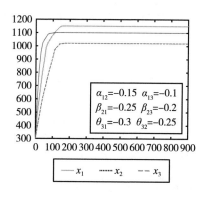 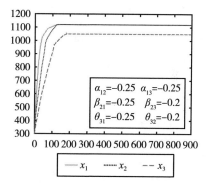

图 2 – 15　非对称性互惠共生模式　　图 2 – 16　对称性互惠共生模式

由以上分析可知，跨界创新联盟创新系统是一个不同跨界创新主体之间共生演化的复杂系统，其演化结果主要取决于不同跨界创新主体之间的共生关系，即共生系数。不同的共生关系会导致不同的演化均衡结果。其中，互惠共生演化模式是跨界创新联盟创新系统的最佳演化结果。

4. 案例分析

案例分析是对计算机仿真方法进行有效补充的一种研究方法，能够进一步解剖跨界创新联盟生态系统共生演化的"黑箱"。本书以首都创新大联盟生态系统为例进行解释性案例分析。首都创新大联盟生态系统是由新一代信息技术、高端装备制造等六种跨领域的产业联盟构成的网络复合体，具有典型的跨界创新特征，因此，本书运用此例子验证跨界创新生态系统共生演化问题具有较强的代表性与说服力。

（1）首都跨界创新联盟生态系统构成分析。新一代信息技术的纵深延伸给传统实体经济产业的发展带来了新生与活力，充分借助资源聚集优势，跨界整合资源成为不同产业升级转型、协同发展的有效途径，因此，首都创新大联盟生态系统在北京市科学技术委员会的倡议和支持下成立，其宗旨是资源共享、协同创新、合作共赢，推进联盟及产业的交叉、融合发展，主要由新一代信息技术、高端装备制造、新材料、节能环保、生物医药、现代农业等六种跨领域的子联盟构成，具有典型的跨界创新特征。该联盟是由"3＋1"跨界创新体系构成，以协同为主的创新生态系统，其中"3"是指围绕跨界合作创新打造的联合创新、创业孵化、示范推广三大功能模块，"1"是指为联盟成员提供科技支撑与服务的大平台。

首都跨界创新联盟生态系统实质上是在首都创新大联盟推动资源聚集的基础上，由大联盟中不同子联盟的成员自组织交互耦合形成的跨界创新共生体，其核心企业主要以新一代信息技术企业和制造企业为主。新一代信息技术企业包括中关村物联网产业联盟、中关村移动互联网产业联盟、闪联产业联盟、北京长风信息技术产业联盟、安全云计算终端产业联盟、AVS产业联盟、新一代人工智能产业联盟等子联盟中的不同成员；制造企业主要包括高端装备制造、北京新能源汽车制造、电动汽车产业技术创新战略联盟，北京无人机与航天航空、生物医疗器械产业技术创新联盟，国家半导体照明、粉末冶金产业联盟等子联盟中的不同成员；配套组织由高校科研院所、政府和公共部门、投资金融机构、跨界创新服务平台等组成。

（2）首都跨界创新联盟生态系统创新主体间共生关系作用分析。根据仿真结果可以得到，首都跨界创新联盟生态系统绩效表现为系统内各创新主体的耦合与共生，其发展取决于各跨界创新主体间的共生关系。在实际运作中，共生作用系数表示跨界创新联盟生态系统中的新一代信息技术企业、制造企业和配套组织三者间在技术层面、业务层面、知识层面等的合作和互动，即通过三者在各个层面的相互作用，三者都发生了变化，而这种变化影响和决定了跨界创新联盟生态系统的发展演化结果。具体表现为：各个共生单元依托跨界创新联盟科技支撑与服务的大平台，进行技术需求与技术供给，实现资源整体有效对接，为开发新产品、新技术、新服务提供必要的共生界面。首先，新一代信息技术企业和配套组织能够针对不同类型制造企业的多样性需求提供专业化的工业互联网解决方案，有效克服制造业信息化发展的障碍。制造企业和新一代信息技术企业通过合力构建人财物、机器设备、信息系统等的互通互联，实现工业数据的实时传输与分析，生成科学合理的决策方案，进而优化制造生产流程，提高系统资源配置效率，促进数字化、网络化、智能化协同制造。其次，依托联盟核心企业孵化了一批大中小企业，形成了产业互联互通的跨界创新体系。目前，联盟已经建立了技术开发、测试分析、项目转化、金融服务、人才培养五类共性平台 642 个，共同承担科技项目 2457 项，制定国际和产业标准共 1617 项，合力克服共性关键技术等。这些都说明了系统中制造企业和新一代信息技术企业两类核心企业与配套组织通过建立积极的共生关系，不断进行价值共创与获取，推动系统共生发展演化。最后，政府在向系统输入科技政策、资金、人才、市场等多种资源的同时，也起到协助平衡各方利益的调节作用；另外，金融投资机构等也为系统中创新创业企业提供相关的科技金融服务，这也说明了配套组织对系统创新发展发挥着积极的共生作用。

（3）首都跨界创新联盟生态系统"互惠共生"演化模式分析。该生态系统中的新一代信息技术企业、制造企业和配套组织通过跨界资源整合与互动实现创新，产生的新技术、新产品、新服务等新价值能够在各共生单元间进行共享与利益分配，体现了各成员间的互惠共生关系，这种关系推动生态系统在共生演化过程中稳定持续创新发展。生态系统在共生演化的过程中逐渐形成了协同共赢效应。联盟通过定期举办各种不同主题的联盟活动，如中国（北京）跨国技术转移大会、网络安全军民融合发展论坛等 200 多项活动，为各共生单元提供良好的交流学习机会，增强共生单元间的信任，激发创造更多跨界创新项目，培育系统中跨界创新主体间的互惠共生关系；通过设立科技政策和数据资讯专栏，为各共生单元提供良好的信息共享共生环境，使各共生单元能够及时掌握前沿科技政策和国家政策走向，进而准确把握系统创新发展方向；除此之外，联盟还通过搭建专业化、网络化、开放式的新技术新产品（新服务）首发平台，面向政府采购、不同行业应用、民生消费等重点领域，把技术含量高、质量性能可靠的新技术新产品（服务）推向应用，进而提高生态系统的竞争力和总经济效益，推动系统跨界各方互惠共生、协同共赢的生态演化。

　　跨界创新联盟实质是跨越行业、组织、领域、认知等界限的创新个体与外界环境相互依存、相互作用、相互制约耦合而成的复杂网络生态系统，其发展受到各方利益和所处生态平衡的影响。在错综复杂因素的制约下，跨界创新联盟的演化态势呈现出复杂的路径和规律，其中，互惠共生演化是跨界创新联盟创新系统演化的最佳方向。因此，联盟应积极构建与完善共生激励制度与策略，使得生态系统沿着互惠共生这一高效双赢的模式演化。

　　一是加强系统中共生单元间的共生作用关系。联盟可以通过定期积极开展多渠道、多样化的跨界创新交流与学习活动，并建立规范适宜的跨界创新联盟成员进退机制与有效的沟通机制，提升成员间的信任程度和互动频率，进而巩固密切的合作共生关系，激发更多的跨界创新项目，促进核心企业和配套组织的高频实时、全周期沉浸式的交互。

　　二是建立良好的跨界创新联盟生态系统共生环境。政府应制定相关激励跨界创新的优惠政策及调控策略，优化系统共生环境，引导系统向互惠共生模式演化。除此之外，还应建立相应的知识产权保护机制和科学合理的利益分配机制，及时预防控制在跨界创新过程中发生的各种机会主义行为，降低跨界创新风险成本，促进共生系统的稳定发展。

三是优化跨界创新联盟生态系统共生界面。强化系统共生单元跨界创新的标准化与制度化建设，减少形成共生界面的阻力。不断完善跨界创新平台的建设，保障系统中信息和知识的有效传递，促进跨界各方创新资源整体对接与协同，吸引更多的异质共生主体加入系统，实现多主体跨界协作共创更多价值。

2.4　本章小结

本章首先界定了跨界创新联盟的概念及特征，并从技术、市场、政策三个层面深入剖析了跨界创新联盟的形成动因，并结合共生理论和网络模型，分别构建了依托型、平等型、嵌套型跨界创新联盟的组织结构；其次基于创新系统论的发展，分析了跨界创新联盟创新系统的内涵、结构、要素构成、创新过程，并从共生视角构建了跨界创新联盟创新系统共生演化模型，揭示了跨界创新联盟共生演化过程及规律。

跨界创新联盟资源协同机理
及整合机制框架设计

3.1 跨界创新联盟资源协同机理

3.1.1 跨界创新联盟多维度协同分析

"协同"一词最早由安索夫（Ansoff）在其《公司战略》一书中提到，他认为协同是企业之间的共生互长关系，强调企业之间协同的核心在于资源共享整合和价值创造，实现互补效应和协同效应。协同论对解释微观主体内部之间相互作用关系具有明显的优势，而跨界创新联盟资源协同机理的分析主要是研究联盟内不同成员主体之间资源的交互行为，因此，可以运用协同论对跨界创新联盟资源协同机理进行揭示。主要是分析跨界创新联盟的协同要素、影响资源协同由无序到有序的序参量、不同创新主体子系统与创新资源系统内部以及各子系统之间的能量交换，以及在序参量作用下实现自组织协同演化的过程。

安索夫（1965）指出战略协同有利于组织更有效地整合内外部资源和优势，实现既定战略目标。阿马比尔等（Amabile et al., 2001）认为协同团队特征、协同环境特征、协同过程是跨领域协同成功的三个潜在决定因素，并指出团队个体具有共同目标及信息共享是实现协同关系的前提。彭纪生（2000）认为协同创新的微观表现是创新资源及各创新主体在创新过程中不同环节的协同整合。郑刚（2004）认为技术要素与非技术要素（战略要素、组织要素、文化要素、市场要素、制度要素）的全面协同能够很好地提升技术创新绩效。赫格尔和瓦格纳等（Hoegl and Wagner，2005）研究了供应商参与产品研发过程，指出组织层面的协同是一种高度关注沟通和协调能力、风险共担的合作关系。埃姆登和卡兰通（Emden and Calantone，2006）认为组织间的技术、战略、关系一致性是衡量企业新产品开发、选取具有潜在协同价值的合作伙伴的重要标准指标。李玥（2017）在分析大量协同关系相关研究文献的基础上，总结了协同的四个核心特性：信息互通、目标一致、决策共制、资源共享。跨界创新联盟是由互联网企业、传统实体企业、大学科研院所等多个创新主体及不同子系统构成的复杂创新系统，其中战略、组织、资源是构成系统的必备要素。因此，结合相关研究成果，本书将从战略、组织、资源三个层面对跨界创新联盟协同要素进行分析，主要表现为战略协同→组织协同→资源协同，获取协同增效（见图 3 –1）。

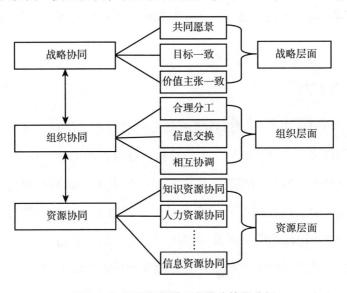

图 3 –1　跨界创新联盟多维度协同分析

1. 战略协同

战略协同是指跨界创新联盟企业间为了实现共同价值利益目标，通过签订契约或战略协议而形成的一种长期战略合作伙伴关系，从而在战略愿景、企业目标、价值主张上保持协调一致，共同致力于联盟的跨界创新活动。战略协同是以联盟企业基于共赢的价值观为重要前提，如果联盟内各成员对合作的目标价值趋于一致，而且认为各自的利益与联盟整体利益能够同时实现，就会增进联盟成员彼此的信任度，促进成员间进行资源与信息的交换与共享。激发资源与能力的共享与融合，进而能够促使联盟形成一种强有力的合力，通过各企业间的非线性作用，实现"1+1>2"的整体协同效应。战略协同是维持、保障跨界创新联盟稳定运作的一种顶层战略管理设计机制，要求联盟企业战略与联盟整体战略具有高度的一致性，是跨界创新联盟能够长期稳定发展、持续创新的重要基石。跨界创新联盟战略协同的本质是联盟企业间通过对资源与创新过程等的协调运作，实现跨界创新创造价值的共同目标。因此，战略协同也是保障资源协同与组织业务协同的前提条件。

2. 组织协同

组织协同是指跨界创新联盟成员之间的合作意愿、沟通交流频率、相互协调性等，体现了组织间进行合作创新过程中的合理分工、信息交换和相互协作。跨界创新联盟各成员组织具有不同的知识和技术背景，每个成员所拥有的异质互补性资源是组织间创造协同效应的内在条件。不同行业成员组织协同关系强调组织间合作过程中的信息共享、沟通与协调，良好的组织协同关系是建立在相互信任的基础上的，这种协同关系更有利于资源的跨界共享与整合，最终转化为竞争优势。

3. 资源协同

资源协同主要是指创新资源间的一种交互状态，通过跨界创新联盟内企业的各种异质互补性资源之间的相互作用，实现资源的优化配置，使资源从无序状态升级为有序状态。它主要表现为各成员知识资源、人力资源、技术资源之间的相互协同，也可分为有形资源与无形资源的协同。跨界创新联盟资源要素的协同关系主要强调成员企业间资源的共享与互补。对于有形资源的共享主要体现在节约成本、提高效能，如生产设备与服务设施的共享，而对于无形资源的共享主要是以信息、知识等的共享为主，如专有技术、品牌形象、市场信息等。成员间通过资源的共享与互补，促进创新资源在创新主体间的跨界流动与融合，增强创新能力，综合发挥创新资源的最大效用，从而实现成员企业间在业务上的合理配置，进而促进组织业务协同。跨界创新联盟资源要素的协同是联盟实现协同效应、获取竞争优势的根源，因此，有效地整合联盟各种资源要素是实现资源协同的关键所在。

3.1.2　跨界创新联盟资源协同序参量确定

一个系统从无序走向有序的过程中，序参量起到了决定作用。序参量是支配系统发展演进方向的慢变量。在序参量的作用下，跨界创新联盟资源从无序逐渐走向有序，联盟成员企业的子资源系统不断深入交互与融合，进而协同水平不断提升，达到阈值，促进联盟跨界协同创新价值的创造与增值。序参量一直贯穿并支配联盟整个资源协同的演化过程。因此，对于跨界创新联盟资源协同序参量的确定，是分析联盟创新资源协同运作过程的重要环节。

序参量是系统的状态变量，产生于系统的内部，是系统宏观上的特征表现，能够长期影响系统的运行。在跨界创新联盟资源协同的状态变量中，联盟资源整合能力是衡量系统运行状态的核心指标，是协同系统的宏观状态描述。当系统的控制变量达到阈值条件状态时，资源整合能力就会长期控制系统的演化。跨界创新联盟资源整合能力是跨界创新联盟资源协同系统发展活力的表征，是系统内各主体间、主体与外部环境间相互协调和作用的综合结果，也是反映资源利用效率的重要指标。因此，联盟资源整合能力符合序参量特征，是跨界创新联盟资源协同的序参量。联盟资源整合能力主要取决于在资源整合不同阶段形成的动态能力，即资源识别能力、资源融合能力和资源配置能力。

资源协同中的不同序参量，驱动着跨界创新联盟成员及其资源不断交互协作，随着序参量的不断调节，联盟资源整合能力不断提升，联盟内不同成员的资源从独立存在逐渐转向资源协同，因此，跨界创新联盟资源系统从无序不断向有序升级演化。资源协同的理想有序状态是指跨界创新联盟内不同成员散乱、分割、无序的创新资源，在有效配置下，通过整合与共享实现联盟各创新要素的协同，形成一个更高层次的创新资源体系，最终达到联盟整体及成员竞争优势的协同提升。

3.1.3 基于序参量的跨界创新联盟资源协同过程

跨界成员创新资源的协同是跨界创新联盟资源体系有序结构形成的内在机理，即新的更高层次的创新资源体系结构。基于序参量主导的跨界创新联盟资源协同过程如图3－2所示。

在跨界创新联盟资源协同过程中，不同成员间独立的资源在创新需求的催化下，通过成员资源的互补与共享，不断建立联系进行相互协作，驱动创新资源从基础的联结进行交互，在资源不断交互过程中形成联盟网络资源（如信任、联盟声誉、联盟制度、联盟文化）。

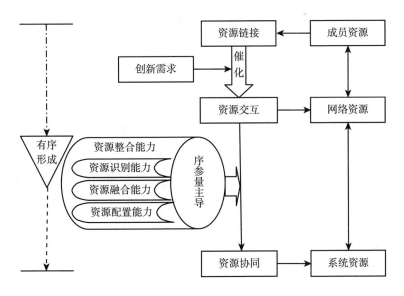

图 3 – 2　跨界创新联盟资源协同过程

依托联盟网络资源，跨界创新联盟不同成员在序参量的支配下进行跨界创新活动，开始进行资源的识别、集聚、共享、耦合、配置，使得创新资源逐渐从简单的交互向协同方向演化，在资源不断协同过程中形成新的更高层次的系统资源（如行业标准、关键技术突破、经济社会效益等），实现互补与协同效应。

异质性创新资源在联盟成员间跨界流动，使成员间产生叠加非线性作用，而不同的作用效果在自组织中产生正、负反馈效应，从而促进或抑制资源协同的进展效率，使得联盟成员的创新资源实现由"联结—交互—协同"的自组织升级。在创新资源协同演化过程中，逐渐形成了成员资源、网络资源和系统资源，它们之间相互作用、共同演化的关系推动了整个联盟资源体系的发展。

3.1.4　跨界创新联盟资源协同机理模型

跨界创新联盟不同创新主体子系统内部与不同系统之间通过资源与

能量的交互协调，实现系统叠加的非线性作用，产生控制系统发展的序参量，即资源识别能力、资源融合能力和资源配置能力。跨界创新联盟创新系统内部不同的创新主体在序参量的支配下，开始资源的有效交互，进行技术研发与辅助支持创新活动，使得资源逐渐达到协同理论状态。同时，随着创新主体合作关系的变化，其合作和资源协作水平不断提高，又促进序参量的不断提高，不断进行自组织演化，进而达到协同状态。跨界创新联盟资源协同是不同创新主体互动与资源交互的双向协同过程，由无序向有序升级。在这个升级演化过程中，跨界创新联盟各主体间不断交互创造新价值，实现资源价值增值、协同发展。因此，跨界创新联盟资源协同符合自组织系统演化的过程，即从无序到有序的周而复始的过程。基于此，构建了如图3-3所示的跨界创新联盟资源协同机理模型。

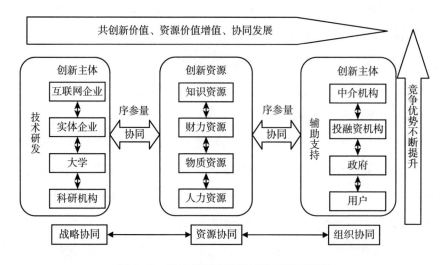

图3-3 跨界创新联盟资源协同机理模型

跨界创新联盟资源协同的本质是联盟内资源要素重新组合的升华过程，是在有效资源整合的基础上，强调各创新资源要素相互作用，进而实现单一要素个体无法获取的整体协同效应，是一种更高层次的互动融合。因此，资源整合可以看作实现资源协同效应的主要途径和前提。

3.2　跨界创新联盟资源整合机制体系架构

3.2.1　跨界创新联盟资源整合过程

1. 跨界创新联盟资源整合内涵与特征

跨界创新联盟资源整合是一个动态涌现、复杂的过程，并不是静态变化的，而是根据特定的创新需求和一定的技术手段，对联盟内分散、无序的创新资源进行有效的识别、融合和配置，使之成为具有系统性、条理性和价值性的动态更新资源体系。资源整合可以看作组织战略调整的一种手段，也是组织日常经营管理工作。跨界创新联盟资源整合活动是站在联盟的角度，以共同合作研发项目等多种跨界创新形式为联结纽带，对联盟内外部资源进行整合，加速资源的跨界流动与共享，以实现联盟资源优化配置，同时培育创造联盟特有的资源优势。其具有以下特征。

（1）激活性。如果资源不被激活，总是处于一种相对静态的状态，有些资源就会丧失一定的创造活力与优势价值。联盟内不同成员资源只有通过各种不同方式的互动被激活，才能真正发挥资源的使能价值，创造更多新的资源。

（2）动态性。跨界创新联盟的资源结构体系不是一成不变的，而是随着联盟的不断发展与外部环境的变化而发生改变的。资源结构体系的变化必然会影响联盟资源整合内容、方式、路径的改变。所以，资源整合是一种复杂的动态过程，需要与外界动态环境保持有效的互动。

（3）系统性。跨界创新联盟资源整合要将联盟每个成员的资源束作为一个有机整体进行多维度的整合，使之形成具有系统性与价值性的资源束。

（4）增值性。跨界创新联盟资源整合并不是简单地将联盟成员的各项资源进行汇总，而是将联盟成员各种类型的资源进行有机的联结、融合等交互，使其产生新的资源价值，进而实现"1＋1＞2"的增值效应。

2. 跨界创新联盟资源整合主客体

跨越组织间的创新资源整合管理对跨界创新联盟的成功与否具有关键性作用，不但影响着跨界创新联盟的实际运作状况，还关系着联盟创新的绩效与整体竞争力的提高。通过对跨界创新联盟内外部资源进行有效整合，能够加速资源的跨界流动与共享，促进联盟资源的高效配置与利用，提高联盟创新能力及整体竞争优势。资源整合的主体是指跨界创新联盟中能够对客体进行整合的能动体。具体可以是联盟项目管委会、实力强大的焦点企业，如大型制造实体企业或互联网企业，负责联盟整体的资源整合相关事宜。整合的客体主要是指跨界创新联盟内各成员愿意贡献的各种资源总和。资源整合主体与客体之间是一种相互影响的协同关系，资源整合主体会根据联盟发展的战略目标和阶段目标等改变客体的某些结构和布局，而整合客体的变化也会影响整合主体的行为决策。

3. 跨界创新联盟资源整合过程分析

对于资源整合过程的研究，国内外学者已取得了较多的科研成果。布拉什等（Brush et al.，2011）认为企业在资源配置的过程中，需要面临集中资源、吸引资源、整合资源、转化资源四个挑战的环节。希特等（Hitt et al.，2006）认为对资源进行整合后还需平衡资源，在此思想上提出资源管理的概念，主要涉及资源组合、整合与平衡资源能力构建的综合行为。西尔蒙等（2007）、饶扬德（2006）认为整合企业内外资源是提高竞争优势的重要源泉，将企业资源整合过程划分为资源识别与选择、汲取与配置、激活与融合三个过程。葛宝山等（2011）将创业资源整合过程分为资源识别、资源获取、资源配置与资源利用四个阶段。上述学者基于不同的侧重点对资源整合过程的描述略有不同，但大体思想还是一致的。本书根据以上学者的基本观点，结合跨界创新联盟资源协同的内在逻辑联系，将跨界创新联盟资源整合过程划分为资源识别、资源融合、资源配置三个过程，并构建了如图3-4所示的跨界创新联盟资源整合过程模型。

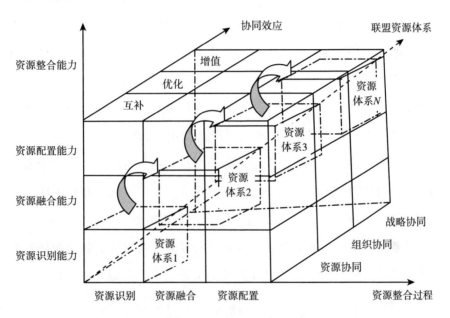

图3-4 跨界创新联盟资源整合过程模型

跨界创新联盟各成员分散、独立的资源在经过资源识别、资源融合、资源配置三个过程后，各成员主体之间基于资源流不断进行交互作用，促进联盟战略组织、资源的协同，获取资源互补效应、优化效应、增值效应。同时在整合过程中也形成了联盟的资源识别能力、资源融合能力、资源配置能力，即形成了联盟整体的资源整合能力。在各要素不断交互的过程中，联盟的资源整合能力不断提高，推动跨界创新联盟资源协同系统不断向最佳状态与方向跃迁式演化，形成稳定的有序新结构，即新的更高层次的创新资源结构体系。资源整合过程是一个动态持续的过程，一直伴随着联盟发展的整个生命周期，联盟资源体系结构也随之不断更新与升级。

（1）资源识别。资源识别是指组织对现有资源属性状况、核心资源、所需资源的识别过程，是资源整合过程的起点，直接影响资源整合成果的绩效。明确联盟现有资源属性状况及资源间的关联是联盟获取资源协同效应的有效关键环节。跨界创新联盟资源识别是指联盟在开展跨界创新项目或活动之前，结合组织自身资源的禀赋情况，在联盟创新发展需求和外界动态环境导向下进行有目的资源识别。准确判断联盟的核心资源，并围绕联盟创新发展战略与外界动态环境识别联盟创新所需资源，有利于展开有针对性的资源集聚行为。在资源识别过程中，也逐渐培育了联盟的识别与辨析能力，促进跨界资源的协同管理。

（2）资源融合。资源融合是资源整合过程的关键环节，是一个通过对联盟内外资源的汇集、转移与交互，形成一个多层次、相互关联的资源聚合体的过程。通过资源的有效融合，能够实现资源价值放大效应。结合跨界创新联盟资源的特征，从缺口资源的获取与联盟新资源创造的角度出发，将资源融合过程具体划分为资源集聚、资源共享、资源耦合三个子过程。

其一，资源集聚是跨界创新联盟创新系统价值创造的前提条件，而集聚资源的种类、类型、价值、异质性、互补性等影响着资源集聚的水平，因此，资源集聚并不是简单地跨越边界进行资源汇总与集成，而是在识别所需资源缺口与瞄准前瞻性技术的基础上，对跨界联盟内外部创新资源进行有效链接与汇集，充分发挥跨界资源集聚优势，为联盟成员间不同资源的交换与融合提供基础条件，实现集聚效应，为整体及成员带来新竞争价值。

其二，资源共享是指跨界创新联盟的成员企业基于合作关系而进行资源转移活动，通过资源的互补进行吸收转化利用的过程。资源共享是提高联盟跨界创新过程中资源存量和增量的重要途径，成员将创新资源彼此共享给跨界企业，不仅能够实现冗余资源的充分利用，也能弥补联盟及成员的资源缺口。通过联盟成员间异质资源的共享，可以增强联盟及成员的竞争能力，提高冗余资源和闲置资源的利用率，也为成员获取瓶颈资源拓展了路径，更有助于前瞻性创新的开发，创造协同价值。

其三，资源耦合是调整和改变联盟现有资源体系的一种交互行为，根据成员彼此创新资源的各种关联性，通过耦合行为可以发现联盟不同成员主体资源耦合的连接点与交叉点，产生叠加非线性效用，激发联盟更多的创新因子，从而培育创造出联盟特有的新资源，扩大联盟原有资源体系的价值，为联盟创新活动的协同配置提供有效供给，是一种高级形态的资源整合方式。

（3）资源配置。资源配置是指联盟通过识别与融合大量创新资源后，成员间进行跨界创新项目或活动的资源要素按照一定的比例进行分配与组合，使联盟资源发挥最大效能，实现资源高效利用的过程，是资源整合过程中的核心环节。通过对联盟资源的优化配置，促使创新资源之间相互协调、相互补充形成新资源，创造新的产品或服务进而增加新的利润增长点。

3.2.2　跨界创新联盟资源整合机制设计原则

跨界创新联盟资源整合机制的设计除了必须遵循一定的科学理论依据以外，还要结合联盟整体发展需求特点，特提出以下三种设计原则。

（1）整体协调原则。跨界创新联盟资源体系是一个有机的整体，需要各构成要素相互匹配、有机协调才能发挥最大资源价值，因此，资源整合机制的设计需要根据整合的整体目标协调联盟各成员及其资源进行有机的集结与交互。

（2）柔性平衡原则。跨界创新联盟会受到外界各种不确定环境因素的影响，导致联盟创新战略发生调整或适当转变，此时需要资源整合机制的设计能够满足柔性平衡原则，以应对外界不确定环境可能引起的联盟资源整合路径或重点方向发生变化。

（3）自上而下原则。资源整合机制的制定是过程导向的，这就要求组织遵循自上而下的设计原则，在上层目标的指导下进行下层机制设计的调整与对应。

3.2.3　跨界创新联盟资源整合机制总体框架

机制是指组织为实现既定目标而构建或设计的一套运作流程、管理方式或制度的总和，其描述了组织或者系统中各个要素之间的相互联系、相互作用、结构功能及运作过程。跨界创新联盟资源整合机制是以提高成员及联盟整体绩效为目标，将分散在跨行业、跨区域、跨学科等企业或组织的创新资源聚集起来，根据特定的创新需求和一定的技术手段，实现联盟创新资源的优化配置，促进新产品、技术或者服务产生的一套资源管理体系及制度。

跨界创新联盟资源整合机制贯穿于联盟运行的整个过程，是跨界创新联盟创新活动高效运行过程的灵魂，对联盟各创新要素起到优化配置与协调作用。而且，有效的创新资源整合机制能够推动创新资源进行价值链的重组与利用，促进联盟新资源的创造与价值增值。基于协同论思想，以跨界创新联盟资源协同机理为支撑，遵循资源整合过程和相关原则，本书构建了跨界创新联盟资源整合机制总体框架，如图 3 - 5 所示，具体包括资源识别机制、资源融合机制和资源配置机制。通过这三个机制的有效运行，促进成员企业资源的有效认知与选择、共享与交互、匹配和重构，并逐渐形成跨界创新联盟资源整合能力，实现资源协同效应。这种协同效应主要体现在形成独特的联盟资源价值体系，以及成员及联盟整体竞争优势与绩效的提升。

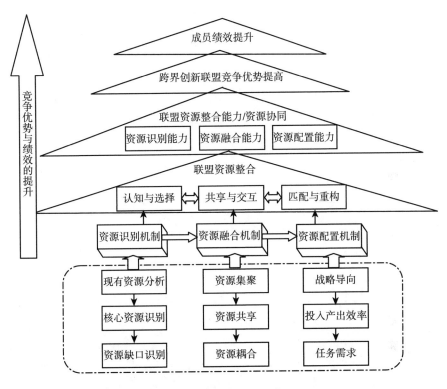

图 3-5　跨界创新联盟资源整合机制框架

需要指出的是，跨界创新联盟资源整合机制的各个子机制虽然在逻辑上具有一定的顺序性，但是并非完全按照此逻辑顺序依次发生，而是根据联盟的实际创新需求，可能出现交叉或者重复运行各子机制。

3.3　本章小结

本章基于协同论，从战略、组织协同、资源要素三个方面分析跨界创新联盟多维度协同，并基于序参量剖析了跨界创新联盟资源协同过程，揭示了跨界创新联盟资源协同机理，并遵循资源整合过程和相关原则设计了跨界创新联盟资源整合机制框架，为以下研究奠定了理论基础。

跨界创新联盟资源识别机制

跨界创新联盟资源识别是资源整合过程的起点，直接影响着资源整合绩效。随着联盟跨界创新活动的变化，联盟所需创新资源也在不断地发生改变，因此，需要动态地定期扫描联盟资源体系。为此，本章在对跨界创新联盟资源现状进行分析的基础上，主要围绕核心资源识别与资源缺口识别展开机制设计。

4.1 跨界创新联盟现有资源分析

4.1.1 资源识别目的

跨界创新联盟得以长期生存获取竞争优势的关键是通过不断地整合联盟内外部资源进行跨界创新项目或活动，形成新的产品、技术或服务。随着外部环境的动态变化，联盟需要定期扫描自身当前资源状况与外部环境是否匹配，进而判断是否需要进行资源的更新与升级，来响应不同跨界创新活动。因此，跨界创新联盟资源的识别是一个动态持续的过程，随着联盟跨界创新项目的变化，联盟所需资源也在不断地发生改变。任何一个组织在开展创新项目之前，都必须先对自身所拥有的资源进行全方位的扫描，也就是进行资源识别。资源识别是资源进行价值链重组与利用必不可缺的环节。

跨界创新联盟资源识别是联盟在开展跨界创新项目或活动之前，结合组织自身资源的禀赋情况，在联盟创新发展需求和外界动态环境导向下进行有目的的资源识别。识别联盟成员自身拥有的核心资源及其愿意贡献给联盟共享的资源是跨界创新联盟进行资源整合必须明确的第一步骤。依据目前联盟跨界创新活动所需资源与现有资源的差距确定资源缺口，并从战略层面考虑，联盟要保持长期的竞争优势发展，必须保持持续创新。通过科学分析识别联盟及核心成员自身拥有的异质创新资源间的各种关联性，有助于发掘成员间异质创新资源的最佳融合点，激发创意的产生。组建跨界创新联盟的主要价值就是通过联盟成员不同创新资源的有效联结与融合，进而产生跨界交叉效应，也就是跨界创新价值。因此，对跨界创新联盟成员资源的识别也是产生创意形成创新的初始关键环节。在资源识别过程中，逐渐培育联盟的识别与辨析能力，促进跨界资源的协同管理。

4.1.2 现有资源分析

对跨界创新联盟现有资源进行分析即对联盟内部资源进行全方位的"资源扫描"，主要包括联盟当前拥有哪些创新资源，以及其种类、数量和质量等属性，利用状况，变化发展趋势及资源间的关联结构。

（1）现有资源存量情况，主要指资源种类、数量和质量等维度的评估。可以依照本书第2章设计的创新资源分类方法对现有资源分门别类进行整理，然后根据不同资源的类型对其进行质量与数量的统计分析，此时需要跨界创新联盟的公共信息平台对资源有足够的相关信息。对于一些有形资源，如机器设备、厂房、办公用品等可以通过公开资料掌握其数量和质量信息，相对比较易获取。以生产设备为例，其质量可以通过设备的使用年限、维修次数、磨损程度、故障发生率、设备技术先进度等属性指标进行分析。对于无形资源的统计分析相对较难，如跨界创新联盟的组织文化、声誉、制度、社会网络资源等是无法采用数量和质量进行定量评价的。

（2）资源属性特征分析。资源属性特征主要包括稀缺性、异质性、可共享性、可控程度、可移动性、转让性、不可模仿性、可交易性、不可复制性等。具有稀缺性、不可模仿性、不可复制性的资源对跨界创新联盟创造特有新价值具有重要作用，此类资源被认为是核心资源或战略资源，是联盟获取竞争优势的关键要素。

（3）资源的利用情况。主要是衡量跨界创新联盟资源的利用程度与效率。通过判断跨界创新联盟不同种类的资源配置是否合理、是否达到最佳的资源利用效果，从而识别是否存在冗余闲置资源、过度利用资源、缺口资源，为联盟进一步合理规划资源提供基础支持。

（4）资源的变化发展趋势。具有消耗性、磨损性、积累性等特征的资源变化会对资源是否充足、资源是否与联盟外部环境匹配的判断产生影响。通过判断资源的这些特征变化是否影响联盟未来的创新发展战略以及影响程度有多大，为拟跨界创新项目配置提供决策辅助信息。

（5）资源之间的关联分析。主要区分资源间有无关联、互补关系等。在跨界创新联盟的资源运作中，如果两种资源在投入生产过程中互不影响、互不制约、相对独立，那么可以认为这两种资源间无关联；如果一种资源在投入生产过程中，需要以另一种资源加入才能发挥最大使用价值，那么可以认为这两种资源间存在互补关系。通过对资源间的差异性与关联性进行分析，有助于发掘成员间异质资源的最佳融合点，进而触发新创意、新思想、新设计等的产生。

以上关于资源现状的分析中，核心资源和缺口资源的识别对跨界创新联盟顺利开展创新项目、获取核心竞争优势、提高资源利用途径尤为重要。跨界创新联盟资源体系是由跨越不同行业、领域等不同层次来源的资源构成的，所以联盟资源识别相对复杂。因此，本书结合跨界创新联盟的特点，主要围绕核心资源和缺口资源的识别展开详细设计，确定联盟核心资源及缺口资源，为联盟后续有针对性地开展资源集聚行为提供具体方向支持。

4.2 跨界创新联盟核心资源识别

4.2.1 核心资源特征维度识别

资源基础与能力理论认为资源是组织成长与发展的必要关键因素，其中核心资源对企业竞争优势的获取与提高起到关键性决定作用，它们决定了企业在跨界创新联盟网络中的位置和话语权。鉴于跨界创新联盟成员所处的行业和领域有所差异，联盟的核心资源也会有所不同，跨界创新联盟的核心资源归属于各成员愿意共享的核心技术和知识，其异质性与互补性程度越高，越有利于联盟跨界创新活动的发展与绩效。清楚地识别跨界创新联盟内的核心资源是提高联盟竞争力和资源有效利用的途径。

本书从价值创造的角度识别跨界创新联盟的核心资源，以阿米特和佐特（Amit and Zott，2001）提出的四维价值空间为理论基础，并结合跨界创新联盟的特性，提出了新的核心资源特征维度。四维价值空间理论体系融合了熊彼特创新理论、资源基础理论、交易成本理论、战略管理理论以及价值链理论的基础核心理念，具有五种管理学与经济学成熟理论不同程度的精髓（龙海泉等，2010）。四维价值空间理论模型最初被用于解释交易行为视角下网络企业产生价值的根源所在，并提出了创新、互补性、效率、锁定四种价值产生的源泉。四维价值空间理论具有一定的局限性，具体表现为分析视角单一性和价值产生分析有限性。因此，结合跨界创新联盟核心资源的特性，本书在可拓理论的基础上，对原有价值空间理论进行了适当的改进，为识别跨界创新联盟的核心资源提供了有效的工具，构建了如图 4 - 1 所示的跨界创新联盟核心资源特征维度，具体包括不可模仿性、竞争性、可控性和强可拓性四种特征维度。

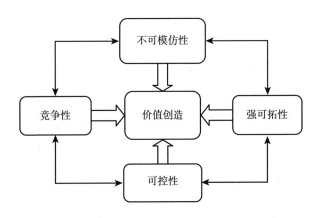

图 4 - 1　基于四维价值空间理论的核心资源特征维度

1. 不可模仿性

不可模仿性是指竞争企业很难通过模仿复制的关键资源，多指企业研发的核心技术专利。学者们已普遍达成共识，指出不可模仿性的资源是企业构筑核心竞争优势的关键因素，唯有那些不能被轻易模仿和替代的资源才是企业真正的核心资源。创新理论和竞争战略理论强调通过创新获取的差异性是组织获取持续综合竞争优势的关键驱动力，差异性体现在产品上的核心维度就是资源的不可模仿复制性。因此，不可模仿性可以作为联盟核心资源识别的最关键特征维度。

2. 竞争性

竞争性意味着资源能够为企业带来某种程度的竞争力。在联盟创新过程中，由于资源的稀缺性和价值性，竞争必然一直伴随企业存在，资源的竞争性能够满足创新的有效性。如果企业拥有竞争性的资源，就会在复杂多变的动态环境中始终保持强有力的竞争优势，得以长期稳定生存发展。

3. 可控性

可控性是指资源能够被企业任意支配和控制，具有资源的使用权限。资源基础理论认为资源的可控性是企业成长和取得竞争优势的必要条件。资源的可控性也是联盟核心资源的关键特征维度。具体而言，企业的某些非主营业务可以通过外包服务或交易获取所需的最佳外部资源，同时也能够为企业创造较大的价值，带来较高的顾客价值性与竞争性，但这种资源并不可以归类为企业核心资源，因为企业无法任意支配和掌控它，这种给企业带来高价值及竞争性的资源有可能随时脱离企业，带来的竞争优势也是短期的，因而这类资源不能成为核心资源。由此可知，资源的可控性对于联盟核心资源的识别是非常必要的。

4. 强可拓性

可拓理论的核心思想是通过对事物进行不同形式的拓展与变换，以此来解决矛盾不相容问题。从可拓理论的角度来分析，资源具有可拓性，即资源具有相关性、蕴含性、发散性、可扩展性和共轭性等特点，其特性为组织开拓资源提供了更多的可能路径（徐建中和付静雯，2018）。当联盟所需的某些知识与技能是联盟或联盟成员的不可控资源，但是通过某种可拓方法的变换就成为联盟可利用的重要资源，此时资源的可拓性就产生价值作用。资源的可拓性为联盟获取不可控的必要资源提供了无限可能。跨界创新联盟成员间异质互补的资源进行交互耦合所涉及的某些知识与技能（如员工的智力资源、关系资源等）有可能转化成联盟特有的稀缺资源和不易被模仿替代的独特资源。从联盟长远发展的角度来看，为了适应外界不断变化的竞争环境，具有强可拓性的资源会为联盟的长期发展带来不可预估的价值和竞争优势，因此，将资源的强可拓性作为联盟核心资源的特征维度。

4.2.2　核心资源识别过程模型

核心资源是形成企业竞争优势的重要来源，企业间竞争优势的差距主要源于所拥有核心资源的差别。对跨界创新联盟核心资源的有效识别是联盟获取竞争优势的关键环节之一，也是提高资源有效利用的途径。本书在识别核心资源特征维度的基础上，借鉴企业核心资源识别的思想（蒋宁和张维，2010），基于流体动力学构建了跨界创新联盟核心资源识别过程模型，如图 4 - 2 所示，用以识别联盟核心资源。

由于产品是各种不同资源交互联结所形成的产物，可以将其看作资源的一种外在表征。其中，生产系统 1 是从产品的维度分析核心资源的不可模仿性和竞争性，将由物质资源、信息资源、资金资源、知识资源（MICK）四种基础资源组成的产品作为系统的输入量；生产系统 2 是对由 MICK 组成的产品进行资源分解；而生产系统 3 则是从联盟内部检验与辨析核心资源的可控性与强可拓性。通过 3 个系统的最终检验后将输出竞争优势，具体包括核心资源的外部识别、资源分解、资源内部检验三个过程。

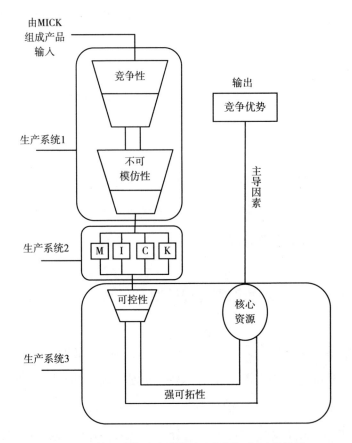

图4-2　基于流体动力学的核心资源识别过程模型

4.2.3　资源外部识别

对于生产系统1中资源的竞争性和不可模仿性，从资源的外部表征，即从产品的角度进行辨析是较科学与直观的。对于某一种生产材料或者生产设备，是无法准确地衡量或者描述其竞争性大小的，但是可以通过产品去衡量，如某一产品的竞争性可以采用这种产品在市场中所占的相对市场份额来表征。在生产系统1中，首先将由MICK四种资源组成的产品作为输入，然后将对产品的竞争性、不可模仿性检验作为一种竞争优势的转化过程。在此过程中，基于流体动力学理论，资源可以视为流体，在生产系统中流动，而资源所具有的各种特性的大小可以视为流体动力学中的重度。

假设在未输入产品时，容器内初始流体的标准竞争性的重度为 η_{c0}。当向容器内输入产品时，可以把这种产品流隐喻成流体中的一种液体，则产品依据其自身的竞争性被赋予不同的重度 η_c，基于流体动力学的基本原理，若 $\eta_c > \eta_{c0}$，则这种产品将会下沉到容器底部，进而流入另一个容器内；若 $\eta_c < \eta_{c0}$，则这种产品将会漂浮在原始流体的上层。

不可模仿性的初始重度 η_{d0} 可以由此种产品在市场中占相似度较高的产品数量的比值来计算得到。假设市场中有 4 个与此种产品相似度较高的产品，则经过简单的计算可以得到此种产品的重度为 0.2。对从容器 1 流出的产品赋予实际的 η_d，如 $\eta_d > \eta_{d0}$，同理这种产品将下沉到容器 2 的底部，并且视为生产系统 1 的输出流入生产系统 2。

4.2.4　资源分解

生产系统 1 输出的是外部产品的竞争性、不可模仿性的重度，而生产系统 2 的功能则是实现外部检验与内部检验之间的转化，通过此系统将产品分解为 MICK 资源，具体分解结构如图 4 - 3 所示。

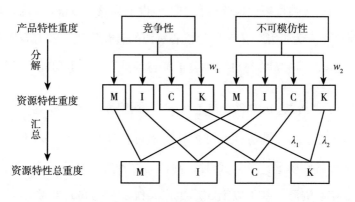

图 4 - 3　资源分解结构

在生产系统 2 的转化过程中，主要是通过对资源重度的分解与汇总，将产品的两种特性转化为核心资源的特性。以知识资源为例，通过对构成产品的各种不同资源特性的重要隶属度进行权重赋值，如知识资源是产生产品竞争性的主要因素，设定知识资源在竞争性上的隶属权重为 w_1，在不可模仿性上的隶属权重为 w_2，那么 $w_1\eta_c$ 和 $w_2\eta_d$ 分别表示知识资源的竞争性和不可模仿性的重度。在汇总资源总重度的过程中，依次赋予竞争性和不可模仿性的权重为 λ_1 和 λ_2，经过计算通过 2 个属性特性检验后的知识资源总重度为 $\lambda_1 w_1 \eta_c + \lambda_2 w_2 \eta_d$。经过生产系统 2 的转化过程，输出的是产品的四种资源。

4.2.5 资源内部检验

在生产系统 3 中，主要进行资源的内部检验，即资源的可控性检验与资源的可拓性检验。η_{ct} 为联盟对资源的实际控制程度，联盟自制用 1 表示，联盟外包获取用 0 表示，联盟成员企业共享获取则采用企业共享资源的程度大小来表示。以知识资源为例，经过可控性检验后，其总重度为 $(\lambda_1 w_1 \eta_c + \lambda_2 w_2 \eta_d)\eta_{ct}$，同理，其他资源以此类推，可以算出总重度。

在核心资源强可拓性检验过程中，假设 y 为核心资源，x 为未检验的初始总资源，k 为资源可拓转化为核心资源的转化系数。核心资源的转化模型：$y = kx$，其中 k 为每种资源总重度与各重度的权重构成的函数决定，即 $k = f(p_1\eta_c, p_2\eta_d, p_3\eta_{ct}, p_4\eta_e)$，$\sum\limits_{i=1}^{4} p_i = 1$。式中 η_c、η_d、η_{ct}、η_e 依次表示资源的竞争性、不可模仿性、可控性、强可拓性的重度，p_i 为每种资源特性的强可拓性权重。当 $k > 0$ 时，则认为这种资源从联盟内部角度来看是联盟的核心资源。基于以上 3 个生产系统的检验可以识别出跨界创新联盟的核心资源。

4.3　跨界创新联盟资源缺口识别

联盟要保持持续的竞争优势，除了必须识别其具有的核心优势资源，还需在资源关联认知的基础上，不断培育和获取所需的新的资源。由于组织外部快速变化的市场需求环境与内部发展战略、资源存量的变化使得资源缺口问题一直围绕组织的不同成长阶段。因此，准确识别组织的资源缺口并及时对缺口进行弥补对组织的长远发展非常重要。跨界创新联盟为了获取持续的竞争优势，需要根据外部市场环境和政策环境的动态变化，开展不同的跨界创新项目。在实施跨界创新项目之前，需要结合联盟组织自身资源的禀赋与创新活动所需的资源进行匹配，发现两者之间存在某些差异，进而确定联盟企业的资源缺口。

4.3.1　资源缺口识别过程

资源缺口是任何一个企业或组织在成长壮大的发展过程中所缺乏的资源，即组织的实际资源需求与当前实际资源供给之间的差距。跨界创新联盟的资源缺口是受外生因素与内生因素综合驱动产生的，在联盟不断壮大发展的过程中会形成一系列创新活动，进而产生对某些资源的需求，由于联盟自身资源禀赋与资源需求不匹配，或者无法完全满足需求的全部条件，由此产生了资源需求与资源供给之间的差距。

跨界创新联盟得以长期生存获取竞争优势的关键就是通过持续不断的跨界创新活动形成新的产品、技术或服务，因此联盟的资源缺口主要是联盟各成员间在进行跨界创新过程中的资源缺口。跨界创新联盟实质就是跨行业的企业间不同创新资源重新组合的创新型组织，联盟各成员对创新的坚持不懈，使得其资源缺口随着创新活动与阶段的变化不断地更新改变，因此，缺口资源识别是一个动态循环的过程，具体过程如图 4-4 所示。

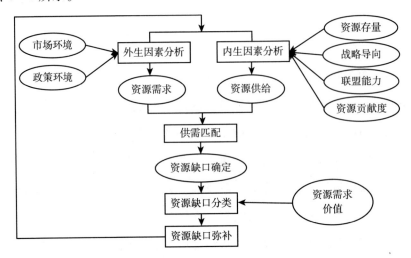

图 4-4 资源缺口识别过程

联盟资源缺口的识别开始于资源需求的分析，联盟在分析外部市场环境和政策环境的前提下，制订出联盟当前的创新发展计划，然后将创新活动所需的资源与联盟现有资源供给体系进行匹配，确定资源缺口，最后依据资源缺口的分类采取相应的弥补策略。联盟在发展的不同阶段伴随着对不同资源的缺乏与弥补，通过这种不断获取、积累和创造新资源的循环过程，维持和提高联盟整体的竞争优势。因此，联盟的跨界创新过程也可以看作不断识别与弥补资源缺口的过程。

4.3.2 资源供需分析

1. 跨界创新联盟资源需求分析

跨界创新联盟资源缺口的形成是内生因素和外生因素综合作用的结果。内生因素包括联盟各成员贡献资源的程度与质量、联盟资源的存量、联盟的创新战略导向、联盟创新能力等方面的变化。外生因素包括市场竞争环境的动态变化、政策制度或商业竞争规则的变化等，这些外生环境变化时都会促进联盟或联盟成员企业通过创新来维持或增强竞争优势，进而也会产生新的资源需求。可以将这种外生因素的变化看作创新机会的产生，即创意的形成环境，联盟通过识别外部市场的机遇进行创新。因此，外生因素是导致联盟资源缺口形成的主要动因，而内生因素则有助于联盟识别所需资源缺口的类型、数量和位置。识别联盟创新资源缺口可以从外生因素着手。为了满足外部市场需求，联盟会积极抓住跨界创新机会，而进行新产品研发所需完成的一系列创新链上的每一个创新活动都存在相应的业务流程，每一个业务都需要若干创新资源来支持完成。借助业务流程图可以获取联盟弥补资源缺口所需的关键创新活动，同时确定联盟完成每个创新活动对应的资源需求，即联盟的资源需求集合 RD，$RD = \{RD_i, i = 1, 2, \cdots, n\}$，具体如表 4－1 所示。

表 4－1　　　　　　　　　　　资源需求获取

创新活动（IA）	资源需求（RD）
IA_1	R_1
IA_2	R_2
……	……
IA_n	R_n

注：R_i 表示 IA_1 所产生的资源需求集合，R_i 表示针对创新活动 IA_i 的资源需求项，有 $R_i = \{\forall RD_s | \sum RD_s \rightarrow R_i, R_i \in RD\}$，即 R_i 是 RD 的子集，且 R_i 和 $R_j (i \neq j)$ 中的资源项可以相同与重叠。$\rightarrow$ 表示能够满足需求。

2. 跨界创新联盟资源供给分析

对于联盟的资源供给，应从联盟现有资源的类型、存量、属性特性以及使用情况等基本资源属性状况进行分析评估。在这个过程中，联盟也会逐渐形成资源识别能力，有助于构筑联盟独特的竞争优势。跨界创新联盟组建初期的资源主要是由跨界成员在组建联盟时按照契约、协议等规章制度提供给联盟共享的资源。联盟正常运行一段时间后，会逐渐形成其独有的某些优势资源，如联盟声誉、联盟制度、联盟创新技术、产品或服务等资源。结合联盟当前的实际运行状况，借助联盟资源共享服务平台以及联盟的资源汇总资料或资源地图，可以获取联盟目前的资源供给集合 RS。

4.3.3　资源缺口确定

1. 跨界创新联盟资源供需匹配

识别联盟资源缺口可以通过资源的供需匹配来实现。将资源需求集合 RD 与资源供给集合 RS 进行匹配，通过寻找两个集合不匹配的部分确定资源缺口集合 $\overline{DS}$。资源需求集合 RD 中的需求子项依次在资源供给 RS 集合中搜寻匹配项，其中，某些资源需求子项可能需要 RS 中的不同资源供给子项进行组合才能实现匹配，而某些资源供给子项也可能同时满足不同的资源需求项。实现供需匹配的需求项与资源项形成了资源吻合集合 DS，而通过联盟已有的资源供给无法实现匹配对接的资源需求项构成了联盟的资源缺口集合 $\overline{DS}$。如图 4 – 5 所示，存在 $(n-1) \leqslant n$，$\overline{DS} \in RD$，即集合 DS 和 $\overline{DS}$ 均是集合 RD 的子集，且有 $\overline{DS} = \{RD_{k'}, k = 1, 2, \cdots, n-1\}$

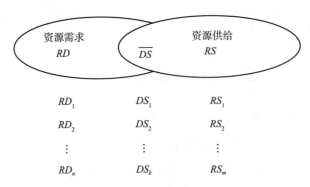

图 4 – 5　资源供需匹配

$RS_j \rightarrow RD_k \cup (\forall RS_j) \rightarrow RD_{k'}, 1 \leqslant j \leqslant m\}$ ， $\rightarrow$ 表示能够满足需求。$\overline{DS}$ 中的资源缺口项是 RD 中没有与 RS 达成匹配的剩余部分，即集合 RS 中的任意子项或子集都无法满足的资源需求项所形成的资源缺口集合 $\overline{DS}$。

2. 跨界创新联盟资源缺口分类

在识别联盟资源缺口后，需求采取某种措施或方式去弥补缺口资源。在弥补缺口的过程中，对资源缺口进行分类可以使联盟对资源缺口的获取与管理更条理化、系统化，从而消除约束资源对联盟发展的制约，更全面地更新联盟资源体系。然而事实上，即使发现了某些缺口资源，联盟也未必能获取所有的缺口资源，必须结合联盟现有资源的实际水平，即能够用于获取缺口资源的资源分配问题。在联盟资源受限的情况下，需要甄别某种缺口资源采取何种策略进行弥补的各种可能发生的结果。联盟创新活动所涉及的资源非常多，但是可以根据联盟对缺口资源的需求程度，即需求价值对缺口资源进行分类。根据不同的时间阶段联盟对缺口资源不同的需求价值将缺口资源分为急需资源和非急需资源两类。

缺口资源的需求价值需要从不同方面综合衡量资源的价值。结合联盟的阶段及长期发展战略和资源的自身禀赋，选取缺口资源的价值特征、与联盟现有资源的匹配程度以及未来对联盟发展战略的积极作用三个维度指标来评价资源的需求价值。其中，缺口资源的价值特征具体是指资源自身所具有的价值禀赋，如竞争性、不可替代性、稀缺性、难以模仿性等。资源的匹配程度是指该资源是目前联盟实施跨界创新活动必不可少的部分，与联盟现有资源会形成互补效应或者协同效应。未来对联盟发展战略的判断是指联盟从长远发展的角度，根据其发展战略及外部市场环境预测未来可能的需求资源特征，为联盟长期发展可能带来的不可预估的价值和竞争优势提供保障。然而，对于不同的资源，这三种需求价值的权重是不一样的。权重是衡量某种资源的评价指标的重要程度。

如某种缺口资源自身就具备较高的价值特征，但联盟对这种资源的需求却更注重它与联盟现有资源的匹配效益，如果这种缺口资源恰好与联盟现有的某种关键资源形成较高的匹配效益，那么这种资源必然是联盟急需获取的缺口资源；反之，如果这种资源对联盟现有任何资源都不具有补充效应或形成匹配效益表现一般，那么即使该种资源本身具有较高的价值，但是基于需求价值来说，它对联盟的价值并不高，所以在联盟获取资源约束的条件下，联盟对该类缺口资源的获取可能会存在较大的舍弃概率。

假设联盟在 t 阶段拥有的资源表示为 $R_t = \{R_{1t}, R_{2t}, \cdots, R_{nt}\}$，缺口资源的需求价值用一组评价集表示为 $V_q = \{V_1, V_2, V_3, V_4, V_5\}$，其中，$V_1$、$V_2$、$V_3$、$V_4$、$V_5$ 分别表示低、较低、中、高、较高。根据专家打分法，分别赋予 $V_1 = 1$、$V_2 = 2$、$V_3 = 3$、$V_4 = 4$、$V_5 = 5$ 来衡量缺口资源的需求价值度。假设联盟的缺口资源为 R_m，那么在 t 阶段对 R_m 来说，需求价值的第 p 个评价指标取值为 V_{pq}。现将缺口资源的价值特征、与联盟现有资源的匹配程度，以及未来对联盟发展的效益作为缺口资源需求价值的评价指标。由于不同的资源对这三种价值指标的重要程度不同，所以为各评价指标赋予不同的权重。设缺口资源 R_m 的需求价值评价指标权重为 W_m，其中 $W_m = \{W_{mp} | p = 1, 2, 3\}$，$\sum_{p=1}^{3} W_{mp} = 1$。则根据式（4-1）可以得到缺口资源 R_m 的需求价值 DV_m：

$$DV_m = \sum_{p=1}^{3} (W_{mp} \times V_{pq}) \qquad (4-1)$$

根据每种缺口资源的需求价值的大小可以将缺口资源分为急需资源和非急需资源两类，如图 4-6 所示，将需求价值取值大于 3 的资源判定为急需资源，而需求价值取值小于 3 的资源判定为非急需资源。从联盟对缺口资源的需求价值来划分，一般急需资源主要包括核心资源和部分基础资源，而非急需资源主要包括基础资源、网络资源和闲置剩余资源等。

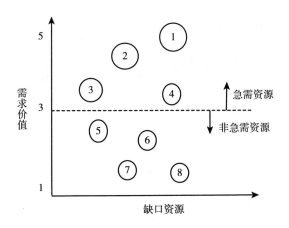

图 4 - 6 缺口资源的需求价值

资源缺口的存在阻碍了联盟整体系统的价值发挥，只有不断地识别与弥补缺口资源，才能保证联盟的竞争优势持续提升。因此，可以根据联盟资源缺口的分类，选择适宜的资源获取方式来弥补资源缺口。资源获取的来源包括：一是联盟内部获取，如对联盟现有资源进行自培育开发等；二是联盟外部获取，即从外部市场购买或者进行外包服务等。一般来说，急需资源可以采取购买或外包获取，非急需资源可以采取共享策略或耦合开发策略逐渐积累获取。

4.4 本章小结

本章在对联盟资源现状进行分析的基础上，主要设计了跨界创新联盟核心资源识别机制和资源缺口识别机制。其中，运用四维价值空间理论与可拓理论对核心资源特征维度进行识别，基于此构建跨界创新联盟核心资源识别过程动力学模型。运用资源缺口理论，通过将联盟创新资源需求与资源供给进行匹配，确定资源缺口并对其进行分类，为后续联盟有针对性地开展资源集聚行为提供具体方向支持。

跨界创新联盟资源融合机制

资源融合是资源整合过程的核心环节，是在识别创新资源缺口的基础上，通过对联盟内外部资源的汇集、转移与交互，形成一个多层次、相互关联的资源聚合体的过程。为此，本章基于资源融合的过程，从缺口资源的获取与联盟特有新资源创造的角度出发，设计了由资源集聚机制、资源共享机制、资源耦合机制构成的资源融合机制，通过三个子机制的相互协同运作，实现跨界创新联盟成员企业资源的有效获取与连接，实现资源价值放大效应。

5.1 跨界创新联盟资源集聚

5.1.1 资源集聚流程

跨界创新联盟资源集聚是在成员按照契约或者协议贡献自身的创新资源的基础上，根据联盟创新阶段性缺口资源，对联盟内外部资源的获取、汇集、存储等不断更新积累资源的动态过程。资源整合活动成功的重要环节之一就是对联盟内外部资源进行有效的集聚。创新资源是一切科技创新活动重要的基础保障与支撑，跨界创新联盟资源的集聚并不是简单地跨越边界进行资源汇总与集成，而是在识别所需资源缺口与瞄准前瞻性技术的基础上，将联盟内外部创新资源进行有效联结与汇集，充分发挥跨界资源集聚优势，最终通过跨界资源的耦合交互实现集聚效应，为联盟整体及成员带来新的竞争价值。为此，本书设计了如图 5 - 1 所示的跨界创新联盟资源集聚流程。

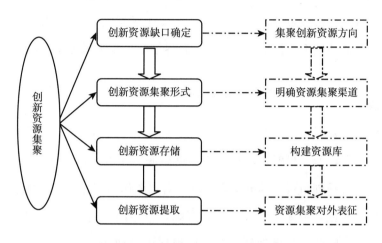

图 5 - 1　跨界创新联盟资源集聚流程

（1）在识别联盟目前所需缺口资源后，结合机会源和需求源对潜在价值技术资源和所需创新资源进行确定，进而明确创新资源集聚的方向与核心内容。

（2）要设计合理的创新资源集聚的方式，而不同类型的缺口资源需求采用不同的集聚形式。针对跨界联盟内部资源的异质性、多样性、分散性特点，为了有效地进行资源聚集，联盟需针对所需资源所属的具体领域与跨界主体，选择科学合理的创新资源汇集渠道。

（3）联盟集聚到创新资源后，应通过构建联盟资源库将资源以科学适宜的方式进行分类存储，形成资源储备库。

（4）基于联盟成员企业的需求，按照资源分类标签将资源进行对外表征，通过对创新资源进行提取，实现有效需求供给。

5.1.2 资源集聚形式

创新资源聚集是跨界创新联盟创造价值的重要环节，而聚集资源的种类、类型、价值、异质性、互补性等影响着资源聚集的水平，成为联盟创新价值孕育最重要的前提条件。在设计规范化的跨界创新联盟资源集聚流程的基础上，提出了以下四种跨界创新联盟资源集聚形式。

1. 基于主体的创新资源集聚形式

跨界创新联盟是由跨越行业边界的不同经济实体企业、互联网企业、高校、科研院所、投融资机构、跨界创新服务中介、政府等多种创新主体构成，各种创新资源的流动都是以创新主体作为载体实现资源的集聚，而不同跨界创新主体所拥有的创新资源各不相同，通常具有差异性和异质性特征。因此，跨界创新联盟可以根据跨界创新主体类型差异，集聚具有不同专业化与多样化属性特征的创新资源。

（1）高校科研院所掌握着大量专业化技术知识、科技人才、实验设备等创新资源，通过对科学理论的技术转化，实现科技成果的现实价值。

（2）金融投资机构是联盟跨界创新中的一支重要力量，对创新进程中的资金来源进行平衡。作为专业化的投资团队，投资机构对于跨界创新有着更强的市场敏感度，也能够为联盟提供创新资源匹配。

（3）政府作为跨界创新的一个主要参与者，主要负责制度建设、引导和监督。政府也可以通过各种资金支持、政府优惠和基金引导来帮助企业开展跨界创新。

（4）跨界创新服务机构是跨界创新知识联结和传递的桥梁，是跨界创新不可或缺的中介组织，具有多样化创新服务资源，如咨询服务、创意征集、销售方案设计等多元化服务。

2. 基于类型的创新资源集聚形式

创新资源主要包括不同层次和不同来源的人力资源、技术资源、资金资源、信息资源等多种不同类型，跨界创新需求的不确定性、动态性、复杂性要求联盟集聚资源的类型应兼具种类多样性、功能互补性、属性异质性。

（1）在人力资源方面，人力资源是知识产生和技术创新的主体，也是知识传播和技术成果扩散的载体。高技术人才是技术创新的首要核心资源，对人才的集聚实质上是对知识、技能、创意等智力资本的汇集与投入，因此联盟可以通过开展多样化的主题科技沙龙活动，汇集各种科技人员、领域专家的跨界交流与学习，碰撞激发创新潜力。人力资源本身具有逐利性与流动性特征，基于此可以通过建立科学的人才奖励激励制度吸引各方面的优秀人才参与联盟跨界创新。

（2）在技术资源方面，技术资源主要是指技术专利、知识资源、技术研发成果以及技术问题解决方案等，联盟可以通过构建有效的信任机制与共享激励机制集聚技术咨询解决方案，对于一些核心技术专利或研发成果可以通过技术引进或者技术交易来满足自身发展的技术需求，还可以通过联合研发与合作创新的方式促进技术资源及其相关的设备、管理、人才的集聚。

（3）在资金资源方面，资金是联盟开展一切跨界创新项目最基本的必要保障，无论是基础科学的研究还是技术研发或是基础设施的建设都离不开大量资金的长期投入和支持。联盟应积极有效地汇集各种类型的金融投资机构、天使投资机构、孵化器参与，为跨界创新活动的顺利开展提供资本支持。

3. 基于网络的创新资源集聚形式

建立起跨界创新资源的有效联结是产生集聚效应的关键条件，跨界成员之间的联结越紧密、层次越深，越有助于跨界创新网络的构建。跨界联盟成员间首先通过各种联结关系建立起社会关系网络，利用关系网络长期建立起的桥梁增进彼此的信任，进行跨界知识交流形成跨界知识网络，最后通过知识网络实现资源的交互并创造新的价值，从而形成跨界价值网络。这种网络化集聚各种跨界创新资源的形式，可以根据成员彼此的需求获取各自所需的互补性资源，并通过各子网络的交互有效汇集差异性资源。基于网络的创新资源集聚能够调动各成员资源转移与共享的动力，有助于联盟通过网络分析掌握网络中具有较强聚集资源能力的成员，以便精准培育核心企业。

4. 基于平台的创新资源集聚形式

互联网平台经济是推动企业间跨界创新的主要外在表现形式，强大的互联网平台是集聚跨界资源的重要载体。联盟可以通过搭建开放式平台的形式来集聚大量的跨界企业，跨界成员间依托平台进行创新资源的跨界交流与信息对接。基于云平台理念，通过构建跨界创新联盟云平台，借助大数据、云计算、人工智能技术，实现各成员子平台与资源的有效联结与集成，汇集和积累多视角多方位的创意、信息、资金和人才等创新资源，形成联盟共享资源库，为跨界资源的高效整合提供桥梁与管道。其中，具体的云平台体系结构如图 5-2 所示。

跨界创新联盟云平台是集聚存储联盟各类资源的核心载体，可以有效地联结创新资源的提供者与需求者，将不同行业的异质性资源集聚在云平台上，促进创意、想法、设计等新资源的交流互动，加速创新产品的诞生。通过这种云平台式的集聚形式，跨界创新联盟成员可以依据自身的需求，以动态的、虚拟的、可伸缩的方式获取整个创新链条上涉及的各种创新资源。在跨界创新联盟平台上，创新资源需求者可以发布需求信息，平台利用人工智能技术进行自动筛选、匹配，向需求方推荐符合基本条件的资源或技术方案供给方，然后在行业专家和企业智囊团对符合基本条件的资源提供方案进行一系列的评估后，最终敲定最佳资源提供方。跨界创新联盟集聚平台为供需双方提供交互的场景与工具，有效地实现资源供需匹配与对接。子平台具体可以包括技术研发平台、成果转化平台、跨界创新平台、新产品首发平台、科技资源平台等。

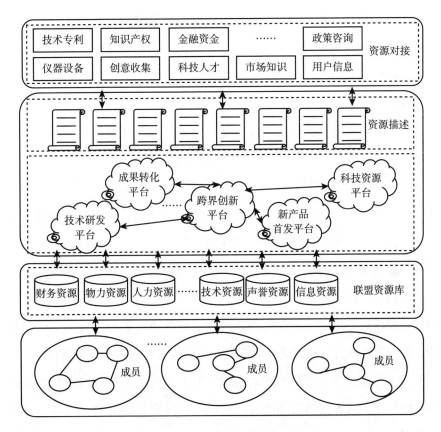

图 5-2　跨界创新联盟云平台体系结构

5.1.3　资源集聚策略

创新资源整合的重要前提条件就是对跨界创新的集聚，即跨界创新联盟成员按照契约或者协议贡献自身的创新资源归跨界创新联盟支配使用，联盟共享创新资源由此形成。为了提高跨界创新联盟资源池的存量与质量，增加创新资源的多样性与差异性，有效地汇集更多的互补性资源，提高资源聚集水平，提出以下策略。

（1）营造公平良好的联盟创新生态环境。良好的联盟创新生态环境是联盟创新活动的重要土壤。技术、知识、信息、资本等各种创新资源的流动最终是以人才为核心载体的。因此，打造公平良好的联盟创新生态环境是吸引和留住创新人才、汇集更广泛的创新资源的有力后盾。完善建立规范适宜的联盟成员进入退出机制，加强对成员资源共享的意愿、信用等级、竞争能力等多方面的综合评价，选择成员时注重成员的跨界整合能力及其创新资源的异质性与互补性，从而为联盟带来更多异质性与多样性的资源，有利于提高资源的汇集存量与质量。

（2）围绕跨界联盟创新活动和路径进行资源集聚。围绕联盟创新活动和路径进行资源集聚，实际上是围绕核心关键创新资源和创新资源缺口来集聚创新资源。对于跨界创新联盟来说，一旦联盟的创新活动和路径明确，联盟所需的核心关键资源和缺口就会确定。所以，联盟应以创新所需的核心资源和缺口资源为主要目标资源进行汇集。如果联盟的创新活动和路径发生变化，支持创新所需的资源也会相应改变，则联盟集聚资源的重点和方向需要进行相应调整，以适应新的创新发展需求。

（3）不断完善资源处理技术。建立健全的资源处理技术是联盟创新活动的根基。跨界创新活动开展的前提是跨界联盟拥有创新资源，对创新资源的集聚、联结、集成等活动都离不开资源处理技术，高效的资源处理技术有利于发现资源的蕴含信息，挖掘出创新资源的潜在价值，实现不同行业间多维度资源的关联，创造出多元化、优质的创新资源，从而提高跨界联盟整体的资源拥有的存量和质量，以满足创新活动开展的需求。

5.2 跨界创新联盟资源共享

资源共享是指跨界创新联盟的成员企业，基于合作关系而进行资源转移活动，通过资源的互补，进行吸收转化利用的过程。资源共享是资源融合过程的核心环节，成员企业将自身"相对闲置资源"共享给跨界成员企业，使之获取所需的瓶颈资源或互补性资源，进而实现创造资源互补与协同效应。其中，企业愿意共享的"相对闲置资源"是指企业通过共享可以获取到比自身应用产生更大价值的资源，这种资源可以是企业的闲置资源、冗余资源或低效资源，也可能是企业正使用的高效资源。科学有效的资源共享机制是提高跨界联盟创新过程中资源存量和增量的重要途径，有利于提高资源的利用率，也为成员获取瓶颈资源或互补资源拓展了路径，更有助于前瞻性创新的开发。因此，本书在分析跨界资源共享过程的基础上，建立科学的资源共享协调与激励机制，促进跨界成员企业间异质性资源的有效转移与吸收，增加成员企业资源共享的意愿与贡献量，进而保障资源共享的高效顺利运转。

5.2.1　资源共享过程

1. 跨界资源共享阻碍分析

跨界资源共享阻碍主要是指联盟成员企业制度、所处行业、组织文化的差异。

（1）联盟成员企业制度的差异。不同行业、不同企业都有各自遵循的某种具体规章制度或者做事规范。从广义上来讲，每个企业都面临着法律法规、行业规章制度等宏观制度的约束，从狭义上来讲，每个行业都隐藏着各自行业不成文的社会规范、公序惯性习俗等，这些制度都是行业变革的重要因素来源，为创新设立了不同的路径。因此，在某种程度上制度可以说是一个行业或企业的技术轨迹。随着技术的不断发展革新，不同行业或企业的制度也会存在差异。这种制度的差异给企业间跨界学习或者跨界创新带来了资源共享的某种阻碍，主要可以分为规制、规范和认知三个层面的影响。规制会对跨界知识和资源在成员企业间的顺畅流动设置障碍，加之行业规制标准的差异会加大知识和资源共享的难度。规范在某种程度上会制约新知识的适应性和应变能力，从而会对资源的共享形成阻碍。认知是人们对事物的理解、辨析的能力，在跨界资源共享过程中，企业间认知的差异会给企业共享资源带来一定的阻碍。

（2）联盟成员所处行业的差异。不同的行业存在不同的行业规则与商业模式，联盟成员企业处于不同的行业，意味着各自拥有的核心技术资源和知识资源具有较大的差异性，这种差异性给成员企业带来新的资源促进创新行为，同时也给资源共享带来一定的阻碍。不同行业的差异性增加了联盟资源的多样性，有利于跨界创新行为的发展。但是，不同行业的内在技术标准、进入门槛、潜在规则等都会对跨行业间的资源共享行为造成约束。

（3）联盟成员组织文化的差异。联盟成员企业的不同组织文化会存在组织能力与惯性的差异，而这种能力和专业知识是其他组织在短时间内难以效仿和学习的，这就使得成员间对各方的跨界知识资源有着较高的模糊性与不确定性。具体来说，某些资源如技术资源可以通过专利转让、授权等方式进行共享，但是成员企业间的某些隐性知识就难以通过简单的共享形式被其他成员充分共享与利用，因此成员企业组织文化的差异可能会引发企业间的冲突，对跨界资源的共享造成阻碍。

2. 资源共享过程模型构建

为了清晰深入地剖析跨界创新联盟资源共享的运行过程，以资源在联盟各成员间的跨界流动为研究视角，而知识资源作为重要、核心资源，也是联盟成员共享和获取的主要资源，考虑到其特有的复杂属性及其为联盟创新带来的阻碍，将跨界创新联盟知识资源共享过程分为知识资源转移、处理和转化三个过程。对于跨界创新联盟而言，通过知识资源的转移、处理和转化过程，成员可以将其知识资源共享给联盟其他跨界成员，同时也会从其他成员那里获取跨界知识资源，这丰富了联盟资源库的资源存量和种类，使知识资源得到更充分的利用，促进更多的联盟创新成果。但要实现这一过程，各成员企业需要克服跨界知识边界所涉及的各种阻碍。因此，在此基础上，本书构建了跨界创新联盟资源共享过程模型，如图 5 – 3 所示。

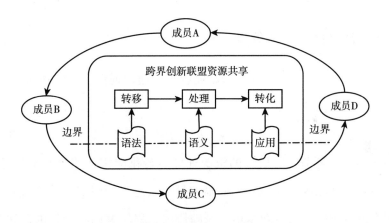

图 5 – 3　跨界创新联盟资源共享过程模型

在联盟成员进行资源共享的过程中，成员企业与其他跨界成员企业互为资源的提供方与接受方。在资源共享的过程中，通过知识资源的转移、处理、转化过程，联盟成员一方的资源可以被界外成员所吸收利用。然而，跨界成员在资源共享的过程中会遇到各种因素形成的边界，这些边界会阻碍资源的有效共享。共享的跨界资源不同，所涉及的边界也会有所不同。由于人力资源、财力资源、物力资源可以通过转让、授权、给予行为而直接为界外企业所吸收利用，这些资源在共享过程中所受到的边界阻碍作用微小。而知识资源在面临制度、组织文化、语言、行业等差异时，一定会对跨界成员企业间的知识资源共享形成阻碍。知识资源作为重要、核心资源，也是联盟成员希望共享和获取的主要资源。本书借鉴戴恩和默米诺德（Dain and Merminod，2014）对跨界知识共享的研究成果，结合知识资源在共享不同过程中的特点，将知识的边界划分为语法、语义和应用。如果成员间可以打破知识边界的壁垒，那么成员间就得以顺畅地进行知识资源共享，不断丰富扩充联盟资源的种类和存储量，通过知识资源界内界外的有效联结，实现新产品与服务的研发与生产，创造更多的新价值。为此，本书针对这三层边界壁垒分别提出了相应的知识资源共享基础保障策略。

3. 资源共享的基础保障

资源共享的基础保障主要包括完善丰富通用词汇、构建共同的理解、设立一致的目标三方面。

（1）完善丰富通用词汇。成员间的知识资源转移是知识资源共享过程中的第一个环节，对后续的资源处理与转化应用环节具有支持作用。在跨界知识资源转移环节主要面临的是语法边界的阻碍。语法边界是指知识交流时所使用的专业术语、条款协议、程序编码等知识的表达方式存在一定的差异。而语法边界一般是由语音和词汇的差异造成的。如果联盟拥有的通用词汇丰富充足，成员间进行知识资源跨界转移就会相对顺利，否则由于知识资源的新颖性与差异性，成员间进行知识资源的跨界转移自然会受到阻碍。所以，联盟应大量积累和储备各成员的领域知识，通过不断地完善丰富通用词汇来克服语法边界造成的共享阻力。随着联盟积累储备的通用词汇越来越多，成员间知识转移的效率也会越来越高。

（2）构建共同的理解。知识资源的处理是知识资源共享过程的第二个环节。成员企业首先将知识转移到联盟知识库中,由于联盟拥有的知识资源来自不同的行业领域,往往会导致对于同一事物或者资源存在不同的解释与表达,因此对知识资源在成员间的跨界流动造成阻碍。这种对同一事物或者资源存在不同解释与含义的现象主要是由于语义差异引起的,即语义边界。因此,联盟应构建共同的知识理解库,通过对界内外知识的标准统一化处理,实现成员企业对界外知识的充分理解,以便组织更好地吸收利用知识。

(3)设立一致的目标。知识资源转化环节是以知识转移和知识处理过程为基础,界外成员对知识资源的一种转化与利用的过程。在这个过程中会涉及界内外知识资源的融合应用,并创造新知识为联盟企业带来不同的利益。此时,跨界知识资源共享面临的主要边界则为应用边界,主要是由联盟企业各自利益、实践活动、企业目标的差异引起的。应用边界的存在使得联盟企业在知识资源利用过程中很难将知识资源转化到新技术、新产品的开发与生产中。在知识资源转化过程中,联盟企业间异质性知识资源的匹配与融合可能产生高额的学习成本或知识冲突带来的成本。为了实现知识资源的成功转化,联盟企业之间需通过妥协和商议进行各种形式的协调,达成建立共同一致利益的目标,实现联盟企业各方共赢的局面。联盟企业自身拥有的知识资源与界外其他企业共享的知识资源进行融合与相互转化,使知识资源在符合特定目标的基础上得以有效利用。

事实上,跨界创新联盟企业之间的知识资源共享并不是一次性的,而是伴随着联盟的发展一直多次、重复进行的,不同成员企业会与联盟内任何成员进行知识共享,因此,联盟资源共享是一个持久、反复进行的活动。对于跨界创新联盟来说,需要构建一套有效的资源共享协调机制和资源共享激励机制,来打破跨界创新联盟成员企业间的各种知识边界壁垒,使得跨界知识得以在联盟内顺畅流动,促进跨界成员企业间异质性资源的有效转移与吸收，增加成员企业资源共享的意愿与贡献量，进而保障资源共享的高效运转。

5.2.2 资源共享协调

资源共享协调机制是针对跨界创新主体间在进行资源共享过程中出现的资源表示异议、信息不对称、机会主义、知识盗用等问题，而提出的一套推动资源转移方和资源需求接收方无缝对接的协同管理方案或制度。由于跨界创新联盟的资源来源于不同行业、不同领域，资源共享过程中会出现对资源理解、知识表达异议等行为，进而阻碍了跨界资源的有效顺畅共享。

作为一个可独立工作运行的模块，每个模块具有一定的功能，可组合、分解、更换。模块化理论能够为这种差异性阻碍提供适当的工具与解决方法。模块化能够使联盟中的跨界企业成员在不具备完善专业知识的情形下，较好地获取并吸收跨界知识和技术资源。同时模块化也可适当规避联盟成员因过多分享知识资源而陷入知识溢出风险，进而减少机会主义行为的发生（王海军等，2018）。因此，本书构建了以模块化调节机制为核心、规范性约束机制与延续性交互机制为辅的跨界创新联盟资源共享协调机制，如图5－4所示。

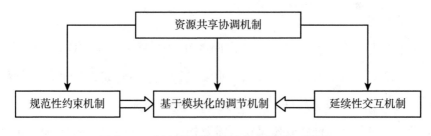

图5－4 跨界创新联盟资源共享协调机制框架

（1）基于模块化的资源共享调节机制。跨界创新联盟资源共享涉及跨行业跨领域的技术与知识的共享与融合，这些技术与知识资源之间由于组织文化背景、行业差异、语言文化差异等，可能导致资源表示方式存在差异，阻碍跨界资源的有效共享与利用。而模块化理论能够为这种差异性阻碍提供适当的工具与解决方法。基于模块化的资源共享调节机制的主要思想是将跨界共享的资源封装在每一个具有不同功能的模块内，以模块为资源共享与交互载体，利用不同模块接口之间的连接实现跨界资源共享。基于这种模块化的资源共享协同机制有助于知识资源顺畅共享与转移，避免知识资源的外溢，还可以利用不同资源模块间的柔性组合，实现跨界突破性技术创新。模块接口作为不同模块之间进行交互与组合的渠道、管道或规则，具有传递信息和能量等功能，对跨界创新主体间资源转移存在的信息不对称、资源交互困难、知识吸收利用等障碍起到桥梁沟通的作用。通过模块接口还可以掌握模块之间的资源和知识的渗透度信息，是跨界创新主体间资源转移和整合的重要渠道。不同模块之间的接触次数越多，说明跨界联盟内的成员间耦合关系强度越高，资源转移效率越高。

为了保障跨界资源共享与转移的有效性和持续性，需要科学合理地设计对模块接口的规则。具体规则如下。一是标准化与简单化。采用标准化规则设计接口，使得不同接口可以有效连接，相对简单的接口规则有利于资源供需双方快速实现资源的对接，使得跨界资源的耦合交互得以有效进行。二是健壮性与持久性。健壮性的接口规则能够高效顺畅地完成资源转移任务并实现转移的反馈，而且接口两端对应的模块发生变化不会影响到此次资源转移与接受行为。持久性的接口规则是指在内外界环境错综复杂的变化下，仍能保障跨界资源转移双方可以通过接口进行持续、稳定的交互耦合联结。本书基于模块接口设计规则，结合联盟核心资源和一般资源的划分，将跨界联盟划分为核心模块和一般模块，构建了基于模块化的跨界创新联盟资源共享调节模型，如图 5-5 所示。

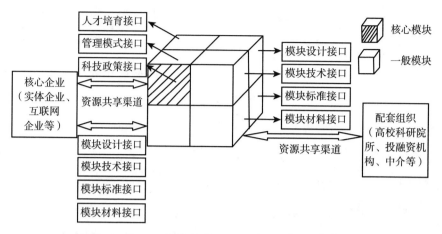

图 5 – 5　基于模块化的跨界创新联盟资源共享调节模型

（2）规范性约束机制。规范性约束机制是在以跨界联盟正式的协议或契约和市场规范制度为基础保障的前提下，通过将其嵌入跨界创新共生网络和跨界创新流程中，来规范跨界创新联盟成员间资源共享与交互的协作关系以及投入与输出。具体的表现形式包括：规范文本描述、规范接口标准、规范协议书、规范通用词汇等。

（3）延续性交互机制。延续性交互机制是一种非正式的资源共享协调机制，可以用于弥补规范性约束机制在跨界联盟创新环境不确定时显性知识资源的缺失。在跨界联盟成员间交互松散的场景下，延续性交互机制有助于跨界成员之间塑造共同的目标与愿景，贡献共享更多的创新资源。延续性交互机制主要的体现形式包括：成员间私下通过邮件、电话，以及即时通信软件微信、微博等的交流与联系，或者通过其他主题聚会、沙龙等非正式的交流学习活动。

5.2.3　资源共享激励

1. 资源共享演化博弈模型构建

在忽略跨界创新联盟外部环境影响因素的条件下，跨界创新联盟各企业主体间的资源共享可以看作跨越领域边界、具有明显知识差异化的资源提供方和接收方关于利益和风险损失的一种博弈决策行为。故作如下假设。

假设 5.1：假设跨界创新联盟中有两类创新群体企业 a 和 b，它们隶属于跨产业的不同行业领域的资源共享主体，其资源存量水平与知识结构均不同，所以跨界创新联盟创新主体间资源共享属于非对称演化博弈。

假设 5.2：假设群体企业 a 为资源提供方，群体企业 b 为资源接收方，它们均有两种行为策略：共享资源与不共享资源。当企业 a 选择共享策略时，企业 b 因接收企业 a 转移的资源使得总资源存量水平增加而会获得一定的直接收益，其与企业资源共享系数 $\gamma(0 < \gamma < 1)$（γ 的大小受接收方的吸收能力、编译能力以及提供方的转移能力影响）和资源共享量 K 相关，即企业 b 获得的直接收益为 C。除此之外，企业 b 接收了企业 a 共享的跨界异质性资源，企业 b 的资源存量和资源属性结构都会发生变化，新的异质性、新颖性资源与原有旧资源的重组与融合，会产生跨界资源协同创新带来的新价值，即资源协同利益。跨界创新联盟资源协同利益是驱动跨界创新主体进行联盟合作创新的根本动力，其大小主要与跨界协同创新收益系数 $\theta(0 < \theta < 1)$（跨界协同创新收益系数受创新主体间的合作与协同创新能力、资源互补性与差异性、成员间信任程度等影响）与资源共享量有关，具有不确定性和模糊性。因此，采用前景理论中的感知收益价值来估计资源共享协同收益，即为 $K\theta$。

假设 5.3：跨界创新联盟创新主体间的协同创新收益分配比例为 λ（λ 为常数），企业 a 获取的协同收益为 $K\theta\lambda$，企业 b 获取的协同收益为 $K\theta(1 - \lambda)$，同时企业 a 选择共享策略时需要承担资源共享的各种人力、物力等共享直接成本 C_{a1} 以及需承担知识被无限复制、失去核心竞争资源可能带来的资源溢出风险损失成本，由于联盟协同创新主体有限理性和风险偏好程度不同，它们感知的资源溢出风险损失也不同，对这种不确定性条件下的感知损失，价值前景理论能够提供合理的解释，故也采用前景理论中的感知损失价值来估计资源提供方需要面临的资源溢出风险损失价值 V_{a1}。接受方企业 b 需承担跨界资源接收前期的各种投入成本 C_{b1}，包括接收资源所需的人力成本、吸收成本、协调成本等。

假设5.4：当企业 a 选择共享策略，而企业 b 选择不共享策略时，企业 a 需要承担前期资源共享的投入成本为 C_{a1}。当企业 a 选择不共享策略，而企业 b 选择共享策略时，企业 b 需要承担前期资源共享的投入成本 C_{b1}。当企业 a 和企业 b 均选择不共享策略时，它们获得的协同总收益为 0。

在跨界创新联盟中，成员企业 a 属于资源提供方，其选择策略包括 {共享，不共享}，成员企业 b 属于资源接收方，其选择策略包括 {共享，不共享}，根据以上假设构建如表 5 - 1 所示的跨界创新联盟创新主体资源共享博弈支付矩阵。

表5 - 1 **资源共享的博弈支付矩阵**

企业 a	企业 b	
	共享	不共享
共享	$\lambda\theta K - C_{a1} - V_{a1}, K\gamma + (1-\lambda)\theta K - C_{b1}$	$-C_{a1} - V_{a1}, 0$
不共享	$0, -C_{b1}$	$0, 0$

企业 a 采取共享策略的概率为 p，采取不共享策略的概率为 $1-p$，企业 b 采取共享策略的概率为 q，采取不共享策略的概率为 $1-q$。根据复制动态演化博弈分析方法，由表 5 - 1 可知，跨界创新主体 a 选择共享策略和不共享策略时的期望收益 U_a 和 $U_{a'}$ 及平均期望收益 $\bar{U}_a$ 分别为：

$$U_a = q(\lambda\theta K - C_{a1} - V_{a1}) + (1-q)(-C_{a1} - V_{a1}) = q\lambda\theta K - C_{a1} - V_{a1}$$

$$(5-1)$$

$$U_{a'} = q \times 0 + (1-q) \times 0 = 0$$

$$\overline{U_a} = pU_a + (1-p)U_{a'} = p(q\lambda\theta K - C_{a1} - V_{a1})$$

跨界创新主体 b 选择共享策略和不共享策略时的期望收益 U_b 和 $U_{b'}$ 及平均期望收益 $\overline{U_b}$ 分别为：

$$U_b = p(K\gamma + (1-\lambda)\theta K - C_{b1}) + (1-p)\times(-C_{b1})$$
$$= p(K\gamma + \theta K - \lambda\theta K) - C_{b1} \qquad (5-2)$$
$$U_{b'} = p\times 0 + (1-p)\times 0 = 0$$

$$\overline{U_b} = qU_b + (1-q)U_{b'} = pq(K\gamma + \theta K - \lambda\theta K) - qC_{b1}$$

根据式（5-1）和式（5-2）可以计算出企业 a 和企业 b 选择共享策略的复制动态方程为：

$$p' = p(U_a - \overline{U_a}) = p(1-p)(q\lambda\theta K - C_{a1} - V_{a1}) \qquad (5-3)$$

$$q' = q(U_b - \overline{U_b}) = q(1-q)\left[p(K\gamma + \theta K - \lambda\theta K) - C_{b1}\right] \qquad (5-4)$$

由式（5-3）和式（5-4）可知，当 $p=0$，1 或 $p = \dfrac{C_{a1} + V_{a1}}{\lambda\theta K}$，$q=0$，$1$ 或 $q = \dfrac{C_{b1}}{K\gamma + \theta K - \lambda\theta K}$ 时，可得到 5 个局部均衡点，分别为：

$$E_1 = (0,0), E_2 = (1,0), E_3 = (0,1), E_4 = (1,1),$$

$$E_5 = \frac{C_{b2}}{K\gamma + \theta K - \lambda\theta K}, \frac{C_{a1} + V_{a1}}{\lambda\theta K}$$

根据弗里德曼（Freidman）方法可得到雅克比矩阵：

$$\begin{bmatrix} (1-2p)(q\lambda\theta K - qC_{a1} - qV_{a1} - C_{a1} - V_{a1}) & p\lambda\theta K(1-p) \\ q(1-q)(K\gamma + \theta K - \lambda\theta K) & (1-2q)(pK\gamma + p\theta K - p\lambda\theta K) - C_{b1} \end{bmatrix}$$

根据雅克比矩阵方法，可知当雅克比矩阵的行列式 $detJ > 0$ 且轨迹 $trJ < 0$ 时，该均衡点视为局部稳定，即为演化稳定策略（ESS）。考虑到跨界创新联盟不断动态发展演化，具有阶段性发展特征，在每一阶段的发展速度会直接影响知识转移主体感知的知识协同收益和知识溢出风险损失价值大小的变化。跨界创新联盟的协同发展速度及水平与联盟创新主体协同、资源协同、制度协同等综合协同程度具有直接密切关系，因

此基于跨界协同收益系数的变化，以下 4 种不同情形会同时或交叉出现在跨界创新联盟不同发展阶段中。表 5 - 2 展示了跨界联盟 4 种不同情形下均衡点局部稳定性。

表 5 - 2　　　　　　　　　　4 种不同情形下均衡点局部稳定性

均衡点	情形 1			情形 2			情形 3			情形 4		
	$detJ$	trJ	稳定性	$detJ$	trJ	稳定性	$detJ$	trJ	稳定性	$detJ$	trJ	稳定性
(0,0)	+	−	ESS	+	−	ESS	+	−	ESS	+	−	ESS
(0,1)	−	N	鞍点	−	N	鞍点	+	+	不稳定	+	+	不稳定
(1,0)	−	N	鞍点	+	+	不稳定	−	N	鞍点	+	+	不稳定
(1,1)	+	+	不稳定	−	N	鞍点	−	N	鞍点	+	−	ESS

情形 1，即 $0 < \theta < \dfrac{C_{a1} + V_{a1}}{\lambda K} < \dfrac{C_{b1} - K\gamma}{(1-\lambda)K} < 1$ 或 $0 < \theta < \dfrac{C_{b1} - K\gamma}{(1-\lambda)K} < \dfrac{C_{a1} + V_{a1}}{\lambda K} < 1$ 时，系统的演化稳定策略为（不共享，不共享）。

情形 2，即 $0 < \dfrac{C_{b1} - K\gamma}{(1-\lambda)K} < \theta < \dfrac{C_{a1} + V_{a1}}{\lambda K} < 1$ 时，系统的演化稳定策略为（不共享，不共享）。

情形 3，即 $0 < \dfrac{C_{a1} + V_{a1}}{\lambda K} < \theta < \dfrac{C_{b1} - K\gamma}{(1-\lambda)K} < 1$ 时，系统的演化稳定策略为（不共享，不共享）。

情形 4，即 $0 < \dfrac{C_{a1} + V_{a1}}{\lambda K} < \dfrac{C_{b1} - K\gamma}{(1-\lambda)K} < \theta < 1$ 或 $0 < \dfrac{C_{b1} - K\gamma}{(1-\lambda)K} < \dfrac{C_{a1} + V_{a1}}{\lambda K} < \theta < 1$ 时，系统的演化稳定策略为（共享，共享）或（不共享，不共享）。

2. 基于前景理论的演化稳定结果及影响因素分析

通过上述分析，可以得到跨界创新联盟成员企业 a 和企业 b 在不同情形下的知识共享演化博弈动态演化相位图（见图 5 - 6）。

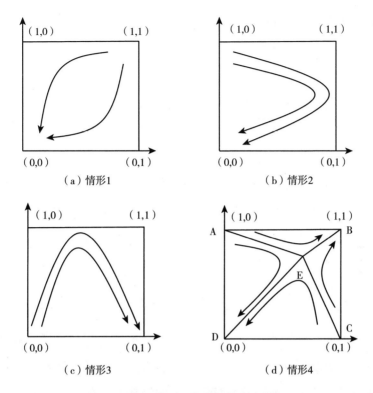

图 5－6　不同情形下的资源共享演化相位

　　跨界创新联盟各主体在进行跨组织间资源共享决策时往往会表现出有限理性和不同的风险偏好程度等不确定特点，前景理论能够合理解释企业面对收益和损失偏好的决策行为。由于跨界创新联盟协同发展的阶段性变化，资源提供方感知的资源协同收益和知识溢出风险损失价值大小也在变化，资源提供方的决策也会随之改变，因此，在联盟发展的不同阶段会出现以上 4 种情形，具体演化稳定策略分析如下。

　　（1）在情形 1 中，创新成员间沟通、学习交流、信任不足，加上联盟成员"跨界"的特征，资源范围跨越不同知识领域，异质性较高，而且资源接收方对跨界资源的理解、吸收更是不充分，需要一定的时间和能力去更好地吸纳与协同利用。跨界创新联盟创新主体 a 和创新主体 b 之间的跨界协同收益系数很小，即 $0 < \theta < \dfrac{C_{a1} + V_{a1}}{\lambda K} < \dfrac{C_{b1} - K\gamma}{(1 - \lambda)K} < 1$，所以，

依据前景理论，此阶段提供方和接收方通常会低估资源协同创新收益，提供方会高估资源溢出成本。因此，在这种情形中，就会出现资源转移方感知的协同收益小于资源共享的直接投入成本和资源溢出风险成本，资源接收方感知的协同收益和直接收益之和小于资源接收成本，此时，（0，1）和（1，0）是鞍点，（1，1）是不稳定点，（0，0）是稳定点，即跨界创新联盟创新主体 a 和创新主体 b 的演化稳定策略是 |不共享，不共享|。

（2）在情形 2 中，随着跨界创新联盟创新主体间的沟通、学习交流的频次日益增加，成员间的信任不断提高，资源转移方共享知识量不断增加，而此阶段接收方和转移方经历了资源的吸收与整合创新，跨界创新联盟创新主体 a 和创新主体 b 之间的跨界协同收益系数增加到一定程度，即 $0 < \dfrac{C_{b1} - K\gamma}{(1-\lambda)K} < \theta < \dfrac{C_{a1} + V_{a1}}{\lambda K} < 1$，所以，依据改进前景价值函数，此阶段跨界创新联盟资源转移方的发展速度有所提升，参考点较情形 1 应降低，此阶段接收方感知的协同收益会提高，转移方感知的资源溢出风险成本可能减少，但随着共享资源量的增加，资源共享的直接成本会提高，因此，会出现资源接收方感知的协同收益和直接收益之和大于资源接收成本，资源转移方感知的协同收益小于资源共享的直接共享成本和资源溢出风险成本这种情形，根据前景理论，决策者在面临损失时，往往表现出较强的风险偏好态度，因此，此阶段资源转移方可能会出现机会主义行为，如可能出现违约、转移冗余无价值知识、降低资源转移存量及质量水平等投机利己的行为，经过多次反复重复博弈后，资源转移方会为获取高额的机会主义收益而选择中途放弃合作，资源转移方的转移意愿会明显下降，最终导致双方不转移与不接收。此时，（0，1）和（1，1）是鞍点，（1，0）是不稳定点，（0，0）是稳定点，即跨界创新联盟创新主体 a 和创新主体 b 的演化稳定策略是 |不共享，不共享|。

（3）在情形 3 中，与情形 2 相类似，随着跨界创新联盟发展水平的提高，跨界创新联盟创新主体 a 和创新主体 b 之间的跨界协同收益系数增加到一定程度，即 $0 < \dfrac{C_{a1} + V_{a1}}{\lambda K} < \theta < \dfrac{C_{b1} - K\gamma}{(1-\lambda)K} < 1$，因此，会出现资源转移方感知的协同收益大于资源共享的直接成本和资源溢出风险成本，资源接收方感知的协同收益和直接收益之和小于资源接收成本这种情形，根据前景理论，此阶段资源接收方可能会为获取感知的高额外部收益而进行机会主义行为，如可能出现窃取联盟伙伴的技术知识和信息知识、降低资源投入水平影响创新成果产生的速度和质量的偷懒行为或不履行联盟承诺等投机利己的行为。多次反复重复博弈后，资源接收方的接收意愿和资源转移方的共享意愿都会明显下降，最终导致双方不共享。此时，（1，0）和（1，1）是鞍点，（0，1）是不稳定点，（0，0）是稳定点，即跨界创新联盟创新主体 a 和创新主体 b 的演化稳定策略是 {不共享，不共享}。

（4）在情形 4 中，即 $0 < \dfrac{C_{a1} + V_{a1}}{\lambda K} < \dfrac{C_{b1} - K\gamma}{(1-\lambda)K} < \theta < 1$，联盟成员经历一段较长时间的沟通、学习、交流后，彼此的信任度和协同度会较高，通过跨界资源的不断重组与融合，会产生较大的协同创新效应，此阶段接收方感知的协同收益与实际协同收益更加接近，转移方感知的资源溢出风险成本与实际资源溢出风险成本更加接近，资源接收方和资源转移方感知的收益之和均大于感知的成本之和，此时，（1，0）和（0，1）是不稳定点，$\left(\dfrac{C_{b2}}{K\gamma + \theta K - \lambda\theta K},\ \dfrac{C_{a1} + V_{a1}}{\lambda\theta K} \right)$ 是鞍点，（0，0）和（1，1）是两个稳定点，系统存在两个演化稳定策略，即跨界创新联盟创新主体 a 和创新主体 b 的演化稳定策略是 {不共享，不共享} 或 {共享，共享}。

基于以上分析可以看出，由于跨界创新联盟资源共享方案绩效随着联盟发展的阶段性特征具有变化性，根据前景理论，随着动态参考点的不同，资源转移方和资源接收方在不同发展阶段感知的协同收益和资源溢出风险成本是不断变化的，所以在不同发展阶段跨界联盟的资源共享过程可能存在以上 4 种演化情形。在情形 4 中，当转移方的协同收益大于其共享成本和转移风险，接收方的总收益大于其接收成本，系统存在两个演化稳定策略，即跨界创新联盟创新主体 a 和创新主体 b 的演化稳定策略是｛不共享，不共享｝或｛共享，共享｝，但系统会朝向哪条路径演化与系统的初始参数有关。

为了探索情形 4 中系统演化稳定均衡结果的影响因素，结合图 5 – 6（d）可知，当四边形 ABCE 的面积大于四边形 ADCE 的面积时，系统收敛于｛共享，共享｝的概率较大，当四边形 ABCE 的面积小于四边形 ADCE 的面积时，系统收敛于｛不共享，不共享｝的概率较大，因此，可以通过分析影响四边形 ABCE 面积的因素，来确定系统演化稳定均衡结果的影响因素。由图 5 – 6（d）可知，四边形 ABCE 的面积为：$s = 1 - \frac{1}{2}\left(\frac{C_{b2}}{K\gamma + \theta K - \lambda\theta K} + \frac{C_{a1} + V_{a1}}{\lambda\theta K}\right)$，对 s 求关于 K、γ、θ、C_{a1}、V_{a1}、C_{b1} 的偏导数，即 $\frac{ds}{dC_{b1}} < 0$、$\frac{ds}{dr} > 0$、$\frac{ds}{d\theta} > 0$、$\frac{ds}{dC_{a1}} < 0$、$\frac{ds}{dV_{a1}} < 0$，由此可知，资源共享量、资源跨界协同效益系数和资源共享系数越大，资源共享成本、资源溢出风险损失和资源接收成本越小，跨界创新联盟创新主体 a 和创新主体 b 选择共享和共享策略的可能性越大，系统收敛于｛共享，共享｝的概率越高，反之，系统收敛于｛不共享，不共享｝的概率越高。

3. 仿真分析

某生物制药企业与国内领先互联网企业达成战略合作联盟，以互联网、人工智能、物联网、大数据等新技术为驱动，组建了一个互利共赢的跨界创新联盟，致力于共同打造智慧健康服务新模式，属于一个典型的跨界联盟协同创新案例。本书以此联盟为研究背景，以生物制药企业为资源接收方、互联网企业为资源转移方，运用 Matlab 软件进行仿真模拟。为了更直观地分析各参数在情形 4 下对跨界创新联盟创新主体知识共享演化博弈稳定策略的影响，具体参数初始赋值如表 5 – 3 所示，各参数重复仿真 20 次。

表 5 – 3　　　　　　　　　　初始仿真参数

参数	p	q	θ	γ	C_{a1}	V_{a1}	C_{b1}
含义	共享概率	共享概率	协同收益系数	共享系数	共享成本	风险成本	接收成本
赋值	0.5	0.5	0.3	0.4	2	4	5

（1）资源共享系数和协同收益系数对演化结果的影响。图 5 – 7 是在其他参数不变的情况下，资源跨界协同收益系数 θ 变化对跨界创新联盟成员资源共享策略影响的仿真结果。由图 5 – 7 可知，协同收益系数的临界值在 0.4 ~ 0.55，低于该临界值时，p 和 q 收敛于 0；高于该临界值时，p 逐渐收敛于 1，此时，θ 的增加会使系统收敛速度加快，说明跨界协同收益系数越大，资源转移方和接收方的共享意愿和接收意愿越强烈。跨界创新主体间知识具有互补性与差异性，合作与协同创新能力越强、彼此间信任程度越高，越有利于资源的成功转移。图 5 – 8 是在其他参数不变的情况下，资源共享系数 γ 变化对跨界联盟成员资源共享策略影响的仿真结果。由图 5 – 8 可知，资源共享系数的临界值在 0.4 ~ 0.55，低于该临界值时，p 和 q 收敛于 0；高于该临界值时，p 逐渐收敛于 1，此时，γ 的增加会使系统收敛速度加快，说明资源共享系数越大，资源转移方和接收方的共享意愿越大。因此，资源接收方对外部异质资源的吸收能力和编译能力以及转移方的转移能力越强，资源共享越容易成功。

（2）资源共享成本、接收成本和资源溢出风险成本对演化结果的影响。图 5 – 9 和图 5 – 10 分别是在其他参数不变的情况下，资源共享成本和接收成本变化对跨界创新联盟成员资源共享策略影响的仿真结果。由图 5 – 9 可知，资源共享成本的临界值在 4 ~ 6，高于该临界值时，p 和 q 收敛于 0；低于该临界值时，p 和 q 逐渐收敛于 1，此时，C_{a1} 的增加会使系统收敛速度加快，说明随着资源共享成本的提高，资源转移方的共享意愿会逐渐降低。由图 5 – 10 可知，资源接收成本的临界值在 6 ~ 7，高于该临界值时，p 和 q 收敛于 0；低于该临界值时，p 逐渐收敛于 1，此时，C_{b1} 的增加也会使系统收敛速度加快，说明随着接收成本的提高，资源接收方的转移意愿也会明显降低。

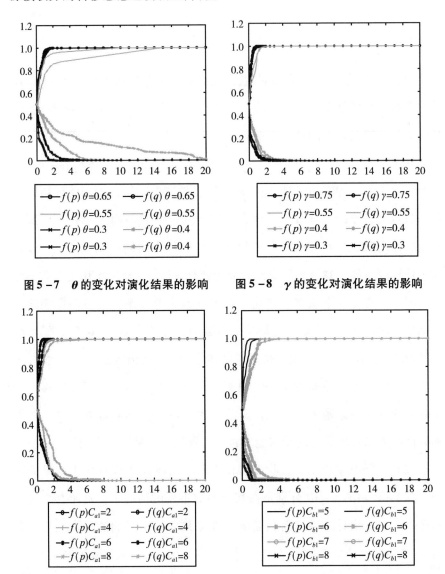

图 5 – 7　θ 的变化对演化结果的影响　　图 5 – 8　γ 的变化对演化结果的影响

图 5 – 9　C_{a1} 的变化对演化结果的影　　图 5 – 10　C_{b1} 的变化对演化结果的影响

图 5 – 11 是在其他参数不变的情况下，感知资源溢出风险成本变化对跨界创新联盟成员资源共享策略影响的仿真结果。由图 5 – 11 可知，资源溢出风险成本的临界值是 5 ~ 6，超过该临界值时，p 和 q 收敛于 0；低于该临界值时，p 逐渐收敛于 1，此时，V_{a1} 的减少使得系统收敛速度加快，说明转移方感知的资源溢出风险成本越大，转移方的转移意愿越低。前景理论认为，决策者对损失的敏感程度要大于对获得的敏感程度，因此在跨界创新联盟发展的不同阶段，跨界创新主体感知的细微资源溢出风险成本都有可能引致资源共享决策行为发生变化。

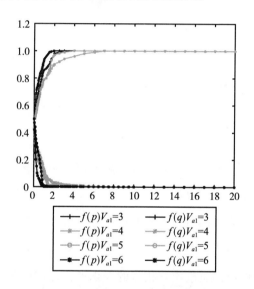

图 5 – 11　V_{a1} 的变化对演化结果的影响

4. 激励措施

考虑到在跨界创新联盟发展的不同阶段，创新主体在进行异质资源转移时主观风险偏好等非理性心理因素会发生变化，本书对传统前景价值函数的动态参考点进行改进，并将前景理论和演化博弈相结合，利用前景价值函数估计支付矩阵中的协同利益和资源溢出风险成本，构建了跨界创新联盟创新主体资源共享演化博弈模型，分别对 4 种不同情形下的演化稳定结果进行分析，并利用 Matlab 对跨界创新联盟创新主体资源共享演化影响因素进行仿真模拟，随着联盟发展阶段性水平的不断变化和设置参考点的不同，资源转移方和资源接收方感知的收益和损失也会发生变化，资源跨界协同收益系数和资源共享系数越大，越有利于跨界联盟创新主体的资源共享行为，而共享成本、接收成本和感知资源溢出风险成本的增加会阻碍跨界创新主体之间的资源共享行为。其中，资源跨界协同收益系数与资源共享策略密切相关，随着资源跨界协同收益系数不断变化，会出现 4 种演化结果。为此，本书提出以下管理启示，以期提高跨界创新联盟的资源共享意愿及效率。

（1）建立规范适宜的联盟生态系统成员进入与退出机制。加强对成员资源共享意愿、信用等级、竞争能力等多方面的综合评价，选择成员时注重成员的跨界整合能力及其创新资源的异质性与互补性，从而增加生态系统的多样性与生产力。

（2）优化跨界创新联盟生态系统共生运行机制。搭建跨界创新服务平台，保障信息和知识的有效传递，促进各方创新资源整体对接与协同；成员企业还要注重不断提高自身的吸收能力、学习能力及资源整合能力，提升联盟整体协同创新能力和竞争优势；除此之外，还应重视加强跨界创新联盟知识产权的保护，通过建立相应的知识产权保护机制和知识溢出惩罚机制，及时预防控制在跨界创新过程中发生的各种机会主义行为，降低跨界创新风险成本，提高跨界创新联盟成员间资源共享与跨界融合的积极性。

（3）建立有效的联盟成员沟通机制。营造良好的跨界创新氛围，通过积极开展多渠道、多样化的跨界创新交流与学习活动，增加彼此的了解和信任，巩固密切的合作共生关系，进而激发更多的跨界创新项目。

（4）建立科学、合理的联盟利益分配机制。联盟成员利益均衡分配是联盟共生稳定发展的先决条件，全面公平地分配联盟成员贡献度、风险分担度及其在联盟网络中位置的重要度等影响因素的权重，以达到联盟成员满意度最大化，促进其积极投入跨界创新活动，创造更多价值。除此之外，政府应制定相关激励跨界创新的优惠政策及调控策略，优化系统共生环境，引导系统向互惠共生模式演化。

5.3　跨界创新联盟资源耦合

5.3.1　资源耦合判定条件

耦合这一术语最初出现于物理学、电子学、软件工程等不同领域，后被学者们引入管理学领域（姚艳虹等，2018）。在物理学中，耦合是指对两个或两个以上的系统之间存在相互作用程度的度量。在电子学中，耦合是指能量从一个介质传递到另一个介质的过程。在软件工程中，耦合是指不同模块之间的关联关系。在管理学中，耦合主要用于分析不同事物、主体间的相互作用。某两个事物之间如果存在一种相互作用、相互影响的关系，那么这种关系就称"耦合关系"。借助耦合原理在不同领域的相关定义与理解，本书将资源耦合界定为一种调整和改变联盟资源基础体系的方式，是指联盟内不同行业、领域的各种资源之间通过相互联结、渗透、融合等方式创造出来的一种更高层次、更大价值的新资源的过程和结果。

换句话理解，可以将资源耦合行为看作联盟各成员之间通过不断相互作用而创造出联盟特有的新资源或新价值的过程，是一种资源整合的高级形态表现，强调跨界联盟成员之间各类异质互补性资源的紧密联结。通过耦合行为可以发现联盟不同成员主体资源耦合的连接点与交叉点，从而创造出新资源，激发联盟更多的创新因子，增大原有资源体系的价值，为新产品的开发配置提供有效资源供给。然而，资源能够进行耦合的前提是耦合的资源之间存在某种关联关系。这种耦合关系与技术的相关性之间存在一定的区别。技术相关性反映的是不同技术资源之间客观上就存在的关联关系，而跨界创新联盟资源耦合反映的是联盟在主观上对联盟内不同种类的资源进行联结与组合的一种行动，具有主观能动性。对于跨界创新联盟而言，由于耦合所花费的时间成本、协同成本及各种费用有限，不可能将联盟内所有存在关系的资源都进行耦合，而是根据联盟实际需求和资源耦合价值选取部分资源进行耦合。那么，判断跨界联盟内哪些成员主体的资源彼此耦合具有较大的开发价值是资源耦合决策的关键一步。设计科学合理的资源耦合判定标准，可以为联盟节约各项成本、挖掘最有价值的资源提供耦合决策指导作用。初始耦合判定条件应包括以下几点。

（1）不同的跨界资源之间存在关联性。如果联盟内不同成员企业的品牌资源、关键技术资源、消费者资源、市场资源之间存在某种关联性，通过这种关联性将这些资源进行耦合，可能会在技术创新过程中的市场营销阶段和技术扩散阶段发挥新的使用价值，形成新的技术产品、服务或商业模式。在跨界中，必须找到企业的某种资源与界外企业的某种资源之间的共通点，这样才有可能将双方的关联性体现出来，并发挥彼此的最佳效果。因此，跨界资源之间的关联性是耦合的基础关键条件。

（2）不同的跨界资源之间存在互补性。如果不同的两种资源之间存在互补性，即某一种资源的属性功能正符合另一种资源发挥最佳价值的基础、补充或缺口，那么这两种资源进行耦合可以输出一种价值更高的新资源，有利于创造新的产品或工艺。创新资源间的互补性越强，耦合的效果越好，形成的新资源价值越高。因此，可以将资源间存在互补性作为资源进行耦合的判断条件之一。

（3）不同的跨界资源之间存在同时性。即不同的跨界资源会出现在同一时间、地点且被同时使用。并不是所有的资源都具有耦合的价值，如果联盟内两种或两种以上不同的资源会出现在同一时间、地点且被同时使用，那些这两种或两种以上的资源可能存在耦合的价值，有利于创意的形成与技术扩散的产生。

满足以上三点的任意一点则表明跨界资源间具有一定的耦合价值，联盟可以依据上述标准选择最佳的异质性资源进行耦合来创造更多有价值的资源，增加联盟资源库的多样性与存储量，以备联盟创新活动不同阶段的各项资源需求。

5.3.2　资源耦合过程

通过联盟成员间异质性资源的耦合互动，实现联盟资源的优势互补，培育创造联盟特有的优势资源，最大化地发挥资源聚合优势。跨界创新联盟资源耦合是一项复杂的系统工程，伴随着联盟及其创新活动的不断发展，资源耦合行为也在不断地变化。跨界创新联盟中不同成员企业的资源耦合一般要经历彼此认知期、规范发展期、螺旋上升期三个阶段（见图 5 – 12）。每个阶段主要对应着不同的资源耦合行为，依次为资源的表征联结、资源的相互渗透、资源的深度融合。随着联盟的不断发展，联盟各成员间的资源耦合度也将逐渐提高，促进联盟创造更多的特有资源和创新成果。

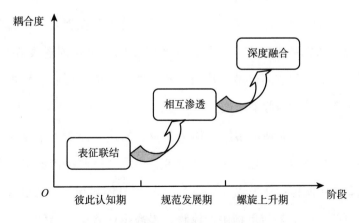

图 5 – 12　跨界创新联盟资源耦合过程

（1）彼此认知期。在彼此认知期，联盟不同成员企业的资源耦合行为仅处于表征联结，正处于相互适应阶段，并未形成实质关键性的结合。表征联结具体体现为联盟成员企业的某些资源在表面上进行联结交互的行为，可能会形成某些创意。各种资源进行耦合的前提往往是存在某种关联关系，因此构建关联传导机制能够实现联盟不同成员企业资源有效跨界联结。通过传导机制可以实现联盟知识资源、技术资源、信息资源等的跨界流动，为资源的联结提供必要的接口和界面。

（2）规范发展期。在规范发展期，联盟不同成员企业的资源耦合行为已经从简单基础的联结逐步升级到互相渗透，一般发生在创新的研究开发阶段。在这个时期，各成员间处于中度耦合阶段，资源的相互渗透主要表现为互联网企业携带的高技术资源渗透到传统实体企业，以及基于传统企业的服务创新需求渗透到互联网企业，进而推动跨界创新联盟整体资源体系的升级。通过相互渗透形成适应联盟良性发展的新资源。由联盟内各成员跨界耦合形成的新资源不仅能够直接推动实体经济企业的升级改造，促进互联网经济企业的全面落地发展，还能够在联盟内产生辐射效应，进而形成联盟良性的协同循环发展。在不同成员间资源的相互渗透过程中，构建有效的基于创新链的联动叠加机制能够加速资源渗透的进程。联动叠加机制是联盟内不同成员企业在创新链上引发的联动，体现为创新链渗透在某一创新环节引发成员企业创新收益的同时，也会触发链上其他创新环节，从而带动其他创新成员的收益增加，最终促使整个联盟的创新收益增加。

其中，互联网企业向传统实体企业渗透的途径涵盖了企业价值链的不同环节，主要包括改造传统生产设备、传统实体产品传统实体企业管理体系和传统实体商业模式（见图 5-13）。具体表现为：通过改造生产设备，更新生产工艺与重构生产流程，提高生产效率，降低生产成本和设备故障率。利用大数据技术充分挖掘用户偏好、技术与市场的关联性，而对传统实体产品进行更有针对性的改造，加速产品升级，赋予产品新的附加功能和使用价值，如智能化、个性化、定制化，并且形成新的商业模式。互联网使得信息更加透明化，改变了组织间的管理规则，将传统实体企业管理方式向智能化、便捷化、数字化转变升级。此外，随着传统实体企业产品与服务的升级换代，也推动了互联网技术的不断更新与升级，以满足传统实体企业的创新需求。

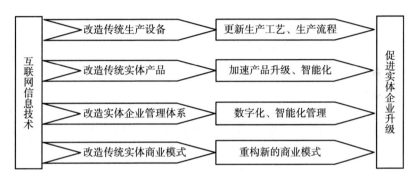

图 5 - 13　渗透途径

（3）螺旋上升期。在螺旋上升期，联盟不同成员企业的资源耦合行为已上升到深度融合阶段。在这个时期，各成员间处于高度耦合阶段，深度融合主要表现为联盟不同成员企业的某些资源已融合为一体，形成一种全新的联盟特有的资源，这种资源可能是新的技术、产品、工艺或服务等。在这一阶段，科学合理的互利共生机制能够保持联盟成员之间深度融合的互利共生关系，提高耦合的活力，吸引更多异质性成员伙伴加入联盟，增加资源的多样性与生产性。

5.3.3　资源耦合方式

跨界创新联盟资源耦合方式具体可以从资源耦合的类型、资源耦合的方式、资源耦合结构几方面进行分析。

1. 资源耦合类型分析

跨界创新联盟资源耦合的类型可以根据资源的来源划分为横向资源耦合和垂直资源耦合。横向资源耦合是指联盟内来自同一行业的成员企业的资源耦合行为。垂直资源耦合是指联盟内跨行业的成员企业的资源耦合行为。横向资源的耦合主要是利用彼此技术资源与知识资源的相似性与互补性，通过强强联合，加强深入核心技术的研发，推动技术进步的空间。垂直资源耦合主要是利用彼此异质性的资源之间存在的交叉点或连接点，建立有效的链接，共同创造新资源价值，这种新资源价值可能是形成新的产品或新的商业模式或者是创造一种新的用户价值等。垂直资源耦合主要表现为互联网资源与传统实体资源之间的耦合。

2. 资源耦合方式分析

跨界创新联盟资源耦合的方式是指资源间联结、渗透、融合的主要方式，具体体现在拥有互补性资源的成员企业之间的耦合方式。成员企业一般是采用正式的合作协议或非正式协议进行技术资源的交互与知识资源的交流。资源耦合对象、耦合方式的不同也决定了耦合目的的不同，耦合目的主要是技术联合研发和商业模式的创新等。

3. 资源耦合结构分析

联盟的创新活动依赖于联盟各成员的积极参与互动，联盟作为整合各成员优势技术资源的集成者，将各成员愿意贡献的各种资源进行耦合而形成新资源或新产品供给联盟二次开发创新或配置。现根据产品开发分类方法将联盟资源分为核心技术资源域、集成资源域、互补资源域（张利飞，2015）。跨界创新联盟资源耦合结构如图 5 - 14 所示。以联盟集成技术为核心，核心技术资源域包括来自不同行业的多种不同的技术资源 A_1，A_2，$\cdots$，A_i，互补资源域包括技术资源 C_1，C_2，$\cdots$，C_j，集成资源域主要包括由联盟将多种不同核心技术加以耦合而形成的不同集成技术 B_1，B_2，$\cdots$，B_k。集成技术与互补资源之间通过耦合行为会形成一种联盟特有的新资源。跨界创新联盟各成员企业之间的耦合关系，实质上是各成员企业资源之间的联结关系，这种联结关系不仅包括核心资源域与互补资源域的关系，还包括核心资源域中各子资源之间的关系以及互补资源域中各子资源之间的关系。

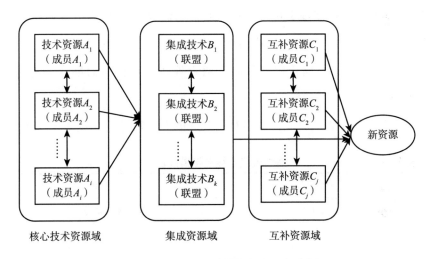

图 5 – 14　跨界创新联盟资源耦合结构

5.3.4　资源耦合测度

学者们大多使用耦合度来判断系统中两个或两个以上的子系统之间的相互作用和影响，以此鉴定各子系统间的协同发展程度。根据耦合度的扩展性成果分析，本书对跨界创新联盟成员间的耦合行为加以分析，侧面反映资源耦合关系和程度。

1. 资源耦合测度模型

本书参考已有的耦合度修正方法并结合跨界创新联盟特征构建两个成员间的耦合度模型：

$$C = \frac{2\sqrt{Q(x)H(y)}}{Q(x) + H(y)} \qquad (5-5)$$

其中，C 表示跨界创新联盟成员间资源耦合度，$Q(x)$、$H(y)$ 分别表示跨界创新联盟成员 A 和成员 B 的创新能力水平的评价指数。耦合度值 $C \in (0,1]$，当 C 无限接近于 0 时，跨界创新联盟成员 A 和成员 B 之间的发展基本没有关联，两者之间耦合程度极低；当 $C = 1$ 时，跨界创新联盟成员 A 和成员 B 的耦合程度最高，两者处在一种良性的耦合发展进程之中。

参考其他学者的研究，本书对耦合度值 C 进行分段（见表 5-4）。

表 5-4　　　　　　　　耦合度度量标准与耦合阶段

耦合度值区间	耦合阶段
$0 < C \leqslant 0.3$	低水平耦合
$0.3 < C \leqslant 0.5$	拮抗阶段
$0.5 < C \leqslant 0.8$	磨合阶段
$0.8 < C \leqslant 1$	高水平耦合

当 $0 < C \leqslant 0.3$ 时，跨界创新联盟成员间资源处于低水平耦合阶段；当 $0.3 < C \leqslant 0.5$ 时，跨界创新联盟成员间资源处于拮抗阶段；当 $0.5 < C \leqslant 0.8$ 时，跨界创新联盟成员间资源进入磨合阶段；当 $0.8 < C \leqslant 1$ 时，跨界创新联盟成员间资源进入高水平耦合阶段。

耦合度是能够反映各系统之间的协调程度的重要指标，但其并不能展现各系统整体的发展水平，由于耦合度模型的基本数学原理限制，在具体分析过程中会出现结果失真现象。为了避免这种现象，学者们引入耦合协同度这一概念。为了更好地比较分析跨界创新联盟成员间资源的耦合协调程度，本书在使用耦合度模型的基础上，进一步使用耦合协同度模型来分析跨界创新联盟成员间资源子系统内各指标相互耦合的协同程度。其模型公式如下：

$$D = \sqrt{C \times T}, T = \alpha \times Q(x) + \beta \times H(y) \qquad (5-6)$$

其中，$D(0 \leqslant D \leqslant 1)$ 表示跨界创新联盟成员间资源的耦合协同度；T 表示两者之间的综合评价指数，它反映两个子系统间的整体资源水平；α、β 为待定权系数，反映跨界创新联盟各成员跨界创新能力水平的重要程度。耦合度不同于耦合协同度之处在于，耦合度主要呈现系统间相互作用程度的强弱，不呈现好坏；而耦合协同度则表示相互作用中良性耦合程度的大小，具体反映协同状况的好坏程度。依据耦合度等级结果判定标准确定耦合协同度的类型与特征（见表 5-5）。

表 5-5　　　　　　　　　耦合协同度度量标准与类型特征

耦合协同度值区间	耦合协同度类型	主要特征
$0 \leqslant D \leqslant 0.3$	初级耦合协同	各成员在成长过程中由于跨界创新能力不足等问题存在一定冲突
$0.3 < D \leqslant 0.5$	中级耦合协同	各成员之间基本能够维持较和谐的成长状态，跨界协同创新刚刚开始
$0.5 < D \leqslant 0.8$	高级耦合协同	各成员发展状况良好，但跨界创新水平有待提高
$0.8 < D \leqslant 1$	特级耦合协同	各成员整体协同发展，跨界创新水平提高，颠覆性跨界创新成果大量涌现

2. 资源耦合测度指标体系构建

本书按照在跨界协同创新过程中提供的不同资源要素进行分类，将互联网企业种群、传统实体企业种群与高校、金融机构等其他配套种群纳入指标测度维度。因此，本书在跨界创新联盟资源耦合协同模型中，构建了如表 5-6 所示的测度指标体系。

表 5 – 6　　　　　　　　　Q – H 系统耦合协同测度指标体系

目标层	一级指标	二级指标	三级指标	变量
跨界创新联盟成员间耦合协同度	互联网企业种群实力（S1）	互联网企业跨界创新活力（A1）	企业跨界创新项目数量	X1
			企业所跨行业种类	X2
		互联网企业跨界创新潜力（A2）	企业发表科技论文数量	X3
			企业自主专利拥有数量	X4
			企业专利许可权转让数量	X5
			企业形成国家/行业标准数量	X6
	传统实体企业种群实力（S2）	传统实体企业跨界创新活力（A3）	企业 R&D 人员数量	X7
			企业 R&D 投入	X8
			企业跨界产品销售率	X9
			企业跨界产品产值占比	X10
		传统实体企业跨界创新潜力（A4）	企业自主专利拥有数量	X11
			企业专利许可权转让数量	X12
			企业形成国家/行业标准数量	X13
			企业 R&D 人员数量	X14
			企业 R&D 投入	X15
跨界创新联盟成员间耦合协同度	高校、中介等其他配套种群实力（S3）	配套跨界创新维持力（A5）	高校数量	X16
			研究生导师数量	X17
			研究生毕业数量	X18
		配套跨界创新活力（A6）	金融机构数量	X19
			科研院所数量	X20
			科技论文数量	X21
			专利拥有数量	X22
			专利授权数量	X23

3. 资源耦合测度指标评估

跨界创新联盟实质上是跨越行业、组织、领域、认知等界限的创新个体与外界环境相互依存、相互作用、相互制约耦合而成的复杂网络生态系统，其发展受到各方利益和所处生态平衡的影响。因此，本书在选取指标评估方法时选择了一种具有生态性的指标评估方法——生态位适宜度评价法。

假设在分析中有 m 个样本对象，n 个评价指标，$Y_{ij}(i=1,2,3,\cdots,m;$ $j=1,2,3,\cdots,n)$ 表示第 i 个对象在第 j 个评价指标的观测数据。由于跨界创新联盟资源耦合测度指标体系内指标单位不同，为消除量纲的影响，采用式（5-7）对数据进行无量纲化处理，Y'_{ij} 是生态位无量纲化后的结果即现实生态位。

$$Y'_{ij} = \frac{Y_{ij}}{Y_{max}} \tag{5-7}$$

生态位适宜度的模型为：

$$S_i = \sum_{j=1}^{n} \varphi_j \frac{\min\lambda + \varepsilon\max\lambda}{\lambda_{ij} + \varepsilon\max\lambda}$$

$$\lambda = |\ Y'_{ij} - Y_{aj}\ | \tag{5-8}$$

其中，S_i 表示第 i 个跨界联盟创新生态系统研究对象的适宜度值；Y_{aj} 表示最佳生态位，标准化后为 1；λ 为最佳生态位与现实生态位的差距；φ_j 为各指标权重；$\varepsilon(0 \leqslant \varepsilon \leqslant 1)$ 为模型参数，借助莫特拉和加内什（2005）的研究成果确定。

$$T_{ij} = |\ Y_{ij} - Y_{aj}\ |\ , \overline{T}_{ij} = \frac{1}{mn} \sum_{i=1}^{m} \sum_{j=1}^{n} T_{ij}$$

$$\varepsilon = \frac{\overline{T}_{ij} - 2T_{min}}{T_{max}} \tag{5-9}$$

4. 资源耦合效果提升策略

（1）打破传统行业壁垒，激发创新群落跨界创新活力。跨界联盟应加强新型人才培养工作。一方面，通过高校、科研院所培养人才，在基础知识上便开始跨界创新，改变思维模式和教学模式，培养互联网行业与传统行业融合后的复合型人才，培养人才的跨界创新能力和前瞻性思维；另一方面，加大互联网与传统实体企业的研发投资力度，对研发人员进行适度激励，同时强化研发人员的跨界创新意识，积极转变思维利用好异质性跨界创新资源，增加跨界创新潜力，从而促进产业的转型升级发展。

（2）完善跨界创新环境因子，强化环境正向作用。政府要积极完善相关法律法规，制定和完善针对科技研发、应用示范、市场培育、标准制定、上下游产业配套、基地建设等联盟发展主要环节的政策体系，在加强对市场环境监管的同时提供配套的财政扶持政策，给予联盟一定的政策优惠。综合运用财政、税收、政府采购等政策工具，发挥政府引导和市场主导的共同作用，为跨界创新联盟开展创新活动营造适宜的环境。

5.4 本章小结

为了保障跨界创新联盟资源的有效汇集、转移与顺利交互，根据缺口资源的获取与联盟新资源创造的需要，本章设计了跨界创新联盟资源融合机制，包括资源集聚机制、资源共享机制、资源耦合机制。其中，资源集聚机制具体包括资源集聚流程、形式、策略；资源共享机制具体从资源共享的过程、协调、激励三方面构建；资源耦合机制具体包括资源耦合条件、过程、方式、测度等内容。

跨界创新联盟资源配置机制

为保证跨界创新联盟的跨界创新项目或活动的有效运行，充分发挥创新资源的最大效用，实现联盟创新资源在不同阶段都能合理地分配与组合，以达到理论产出效益，需要良好且匹配适用的资源优化配置机制给予保障，因此，本章分别从战略导向—投入产出效率—任务需求三个层面设计跨界创新联盟资源配置机制。

6.1 跨界创新联盟资源配置机制框架设计

跨界创新联盟创新资源配置是指在联盟识别与融合大量创新资源后，成员间进行跨界创新项目或活动的资源要素按照一定的比例进行分配与组合，使联盟资源发挥最大效能，实现资源高效利用的过程。跨界创新联盟资源如何配置直接影响联盟创新的绩效。熊彼特强调创新就是对资金、人才、物质、信息、知识等基本生产要素的重新组合，进而形成一种新的独特效用，其包含着资源优化配置的思想和过程。因此，如何科学合理地优化配置异质性资源是联盟提高有限资源利用率、实现高效创新的关键环节。为此，本书从跨界创新联盟创新项目的前期立项、投入实施、调控三个阶段分别设计了战略主导型、效率主导型、任务主导型的跨界创新联盟创新资源配置机制，以保证在创新项目或活动整个实施运行过程中资源都能够得到有效合理的配置，具体设计框架如图6-1所示。

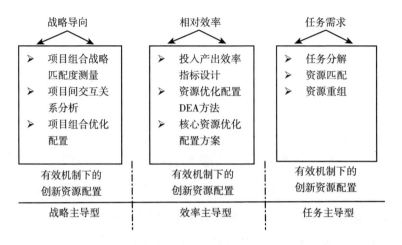

图6-1　跨界创新联盟资源配置机制框架

6.2　基于战略导向的跨界创新联盟资源配置

6.2.1　项目组合资源优化配置过程分析

1. 联盟战略对项目组合资源优化配置的影响

联盟战略是跨界创新联盟为了长远的生存发展和效益而制订的与联盟使命、愿景和目标保持高度一致的最高管理层的计划。如果一个好的战略不能得到有效的实施，将会导致联盟整体战略的失效，因此，有效地实施战略是联盟保持长远发展的前提。随着全球竞争的日益加剧，项目逐渐成为实现战略目标的核心载体。所以，无论是联盟资源的分配与重组，还是项目的立项选择或者具体执行过程，都需要围绕联盟战略这个根本出发点去规划实施。

跨界创新项目组合资源优化配置机制作为跨界创新联盟战略目标导向下成员企业对拟实施项目进行资源合理优化配置，保障项目顺利实施的重要指导机制，可以保证项目组合对联盟战略的有效承载。跨界创新项目是联盟内不同成员根据自身战略与业务需求展开的一种创新研发活动，与一般普通的项目相比，跨界创新项目具有高技术嵌入性、高风险性、跨越式发展性、技术前瞻性、经济效益。跨界创新项目本质上是一种由跨行业的不同企业为了实现创新而进行的高技术知识密集型研发项目，涉及跨行业间知识、资源、文化等较大的差异性，这意味着跨界创新项目比一般的高技术项目具有更高的风险性。除此之外，项目与其他项目之间因在核心资源占用、关键技术使用上的相似关联等交互关系所引发的联合风险，都会影响联盟项目组合资源优化配置的结果。因此，跨界项目组合资源优化配置会受到资源约束、联盟战略目标、利益、风险等综合复杂因素的影响。

2. 项目组合优化配置过程与决策过程

以战略目标为导向的跨界创新联盟资源配置主要体现在联盟内多个跨界创新项目并行实施时，联盟资源如何进行优化配置才能确保联盟战略目标的实现。在资源受限的前提下，所有的跨界创新项目同时实施并不一定能够获取最大的价值，需要选择最优项目组合配置方案以确保资源有效合理的配置与利用。对于不同跨界创新项目组合决策方案的研究主要是以资源有效配置为目标。跨界项目组合配置的核心思想不仅要考虑项目组合的任务对资源的择优选取，还要考虑多项目间、项目与战略间的相互交互关系，确保项目组合配置方案与联盟战略保持一致。为此，本书分析了跨界创新联盟项目组合优化配置过程，如图 6 - 2 所示。在结合联盟使命、愿景、目标的基础上，制定联盟战略，并根据联盟立项申请书的核心内容，通过对项目组合进行配置决策，最后可以得到最优项目组合配置方案。

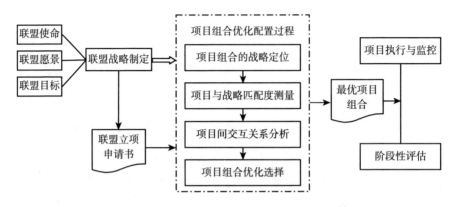

图 6 – 2　跨界创新联盟项目组合优化配置过程

其中，基于联盟战略的项目组合优化配置决策过程是一个复杂的系统优化过程，主要包括项目组合的战略定位、项目与联盟战略匹配度测量、项目间交互关系分析、项目组合的优化选择四个重要阶段。每个阶段的核心内容与作用如表 6 – 1 所示。

表 6 – 1　　　　　　　跨界创新联盟项目组合优化配置决策过程

配置决策阶段	核心内容	作用
项目组合的战略定位	技术战略选择、项目研究经费预算以及项目分类	设定联盟资源约束，实现联盟项目分类管理
项目与联盟战略匹配度测量	项目与联盟战略匹配度评价指标体系构建，选择适宜合理的匹配度测量方法	初步排除明显不符合联盟战略定位及实施不可行的项目，为最终决策方案生成减少程序和步骤
项目间交互关系分析	识别项目间的交互关系，并进行定性定量分析	为项目组合优化选择提供多方面的衡量依据
项目组合的优化选择	构建项目组合优化配置模型，并根据联盟及各成员的实际运营状况调整组合方案	确定最优项目组合配置方案

6.2.2　项目组合的战略定位

跨界创新联盟项目组合战略定位主要是以提高竞争优势为目的，设定联盟资源约束，实现联盟项目分类管理。具体包括技术战略的选择、项目研发经费预算、项目分类管理三方面内容。

1. 技术战略的选择

跨界创新联盟的技术战略是联盟总体战略的一部分，主要表现为联盟对创新技术的选择，即从联盟及各成员获取竞争优势的角度，考虑联盟选择何种技术进行开发，以及采取技术领先战略还是跟随战略或者替代战略。

（1）联盟选择开发何种技术。如果联盟采取差异化战略，则其技术开发可以利用大数据技术获取市场用户的偏好需求，充分利用联盟成员跨行业的异质性资源，结合用户偏好，将开发的重点落实到形成产品的独特性与差异性方面。如果联盟采取成本领先战略，则应将优化工艺流程、降低资源的消耗等作为重点来降低产品的各项投入成本。

（2）联盟选取何种技术战略。针对不同技术战略会获取不同的竞争优势，联盟项目委员会在选取采用哪种技术战略前，应结合联盟各成员的资源禀赋、价值取向、资源贡献程度、国家政策导向、相关前沿技术发展情况等因素综合考量。考虑到跨界创新联盟的跨界性和特殊性，技术领先战略应是联盟的首选战略，联盟可以利用各成员的优势资源，进行前沿技术研发与产品生产。

2. 项目研发经费预算

项目研发经费预算即将跨界创新联盟的总体研发预算根据一定的分

配标准进行初步分配。联盟项目委员会可以根据联盟的战略目标将预算以不同的比例分配到不同的战略领域，也可以运用战略桶模型对联盟的研发预算进行分配，这里需要建立多个不同的战略桶，每一个战略桶对应一个战略领域。对于战略桶的划分存在不同的方法，例如，可以按照产品线划分，不同产品线对应不同的战略桶；也可以按照项目的类型进行划分，如整改项目、新产品开发项目、扩展项目等；或者按照成员所处行业进行划分，每一行业对应一个战略桶。

3. 项目分类管理

对跨界创新联盟众多不同的项目进行分类管理，有利于提高联盟资源优化配置的效率。具体可以根据战略领域的划分准则，对不同的项目进行归类，每一类表征一个战略领域，因此，每一个战略领域就会构成一组项目。另外，也可以结合项目规模和重要程度进行划分，分为重点项目与一般项目。

6.2.3 项目组合战略匹配度测量

有效地测量项目组合战略匹配度可以初步排除明显不符合联盟战略定位及实施不可行的项目，为最终决策方案的生成减少程序和步骤。本书将物元分析理论与信息熵理论进行有效融合，通过构建复合关联熵物元模型实现对项目组合战略匹配度的测量。

1. 跨界创新联盟项目的复合物元模型

定义 6.1 熵物元和复合物元 物元是可拓理论用于描述事物的基本元，可以用三元组进行描述，即 $R = \{N, C, V\}$ 分别表示"事物、事物特征、特征值"。熵物元是指当特征值 V 具有不确定性和模糊性时，V 表示特征模糊值。假设事物 N 具有 n 个属性特征 c_1，c_2，$\cdots$，c_n，其对应的特征模糊值为 v_1，v_2，$\cdots$，v_n，则称 R 为 n 维熵物元。在熵物元中如果事件抽象为方案，特征抽象为信息熵，则称其为复合物元。

假设跨界创新联盟项目池中共存在 $M_i(i=1,2,\cdots,m)$ 个拟配置的跨界创新项目，每个项目具有的特征属性为 $C_i(i=1,2,\cdots,m)$，其对应的特征模糊值为 x，则称 $\boldsymbol{R}_{mn}=(M,C,x)$ 为 m 个跨界创新项目的 n 维复合物元，即

$$\boldsymbol{R}_{mn}=\begin{bmatrix} & M_1 & M_2 & \cdots & M_m \\ C_1 & x_{11} & x_{21} & \cdots & x_{m1} \\ C_2 & x_{12} & x_{22} & \cdots & y_{m2} \\ \cdots & \cdots & \cdots & \cdots & \cdots \\ C_n & x_{1n} & x_{2n} & \cdots & x_{mn} \end{bmatrix} \qquad (6-1)$$

2. 跨界创新联盟项目组合战略匹配度的复合物元

跨界创新联盟项目组合战略匹配度是指在跨界创新联盟项目组合配置的过程中，项目物元的特征模糊值与联盟战略目标属性指标模糊值的隶属程度，取值一般为正值。不同的匹配度最优原则有不同的合成算子，为了更好地体现跨界创新联盟项目组合配置的实际运行状况，引入适配率的概念（白礼彪等，2014），适配率的值分越大越优和越小越优，如式（6-2）和式（6-3）所示，为了消除量纲不一致进行了标准化处理。

$$y_{ij}=1-\frac{x_{ij}-A_j^{\min}}{A_j^{\max}-A_j^{\min}} \qquad (6-2)$$

$$y_{ij}=1-\frac{A_j^{\max}-x_{ij}}{A_j^{\max}-A_j^{\min}} \qquad (6-3)$$

其中，$x_{ij}\in\left[A_j^{\max},A_j^{\min}\right]$，$\left[A_j^{\max},A_j^{\min}\right]$ 是跨界创新联盟战略目标 n 维属性指标模糊值的取值范围，可以得到战略导向下的跨界创新联盟项目组合战

略匹配度复合物元 Y_{mn}：

$$Y_{mn} = \begin{bmatrix} & M_1 & M_2 & \cdots & M_m \\ C_1 & y_{11} & y_{21} & \cdots & y_{m1} \\ C_2 & y_{12} & y_{22} & \cdots & y_{m2} \\ \cdots & \cdots & \cdots & \cdots & \cdots \\ C_n & y_{1n} & y_{2n} & \cdots & y_{mn} \end{bmatrix} \qquad (6-4)$$

本书采用适配率越大越优的准则为标准复合物元 R，令 $u_{ij} = (1 - y_{ij})^2$，

$$U_{mn} = \begin{bmatrix} & M_1 & M_2 & \cdots & M_m \\ C_1 & u_{11} & u_{21} & \cdots & u_{m1} \\ C_2 & u_{12} & u_{22} & \cdots & u_{m2} \\ \cdots & \cdots & \cdots & \cdots & \cdots \\ C_n & u_{1n} & u_{2n} & \cdots & u_{mn} \end{bmatrix} \qquad (6-5)$$

3. 跨界创新联盟项目特征指标权重的复合物元

定义 6.2 复合物元的关联系数 令 $\zeta_j = \max\limits_{1 \leqslant i \leqslant m} u_{ij}$，$j = 1, 2, \cdots, n$ 时，存在一组参考数列 $\zeta = \{\zeta_1, \zeta_2, \cdots, \zeta_n\}$，则复合物元 U_{mn} 的第 j 个特征指标 C_j 具有的关联系数记作 γ_{ij}，即

$$\gamma_{ij} = \frac{\min\limits_i \min\limits_j |u_{ij} - \zeta_j| + 0.5 \max\limits_i \max\limits_j |u_{ij} - \zeta_j|}{|u_{ij}(t) - \zeta_j| + 0.5 \max\limits_i \max\limits_j |u_{ij} - \zeta_j|} \qquad (6-6)$$

在信息论中熵具有测量不确定性和模糊性的优势，与传统的层次分析法赋权相比能够较精准地处理项目组合配置过程中的各种不确定模糊信息，同时熵值法赋权在处理不确定信息时具有良好的鲁棒性，因此，本书采用熵值法确定跨界创新联盟项目组合配置的权重系数。根据信息熵的定义可知，跨界创新联盟项目组合配置方案中第 j 个特征指标 C_j 的熵为：

$$F_j = - (\ln n)^{-1} \sum_{i=1}^{m} f_{ij} \ln f_{ij} \qquad (6-7)$$

其中, $f_{ij} = \dfrac{\gamma_{ij}}{\sum\limits_{i=1}^{m} \gamma_{ij}}$, $j = 1, 2, \cdots, n$; $i = 1, 2, \cdots, m$。

由于 $F_j \in [0, 1]$, 则跨界创新联盟项目组合配置方案中第 j 个特征指标 C_j 的权重系数为:

$$w_{ij} = \frac{k_j}{\sum\limits_{j=1}^{n} k_j} \qquad (6-8)$$

其中, $k_j = 1 - F_j$, $j = 1, 2, \cdots, n$。

根据式 (6-7) 和式 (6-8) 可以得到跨界创新联盟项目特征指标权重的复合物元为:

$$Q_{wj} = \begin{bmatrix} & C_1 & C_2 & \cdots & C_i & \cdots & C_n \\ W_j & w_1 & w_2 & \cdots & w_i & \cdots & w_n \end{bmatrix} \qquad (6-9)$$

4. 跨界创新联盟项目组合战略匹配度的复合关联熵物元

定义 6.3 复合关联熵物元　项目组合战略匹配度的大小可以用项目对联盟战略的贡献值与联盟战略的目标值的比值表示。项目对联盟战略目标的贡献程度越大, 匹配度就越大。

根据式 (6-5) 和式 (6-9) 可以得到项目 i 对联盟战略目标的贡献程度值:

$$R'_{mn} = \begin{bmatrix} & M_1 & M_2 & \cdots & M_i & \cdots & M_m \\ G_i & G_1 & G_2 & \cdots & G_i & \cdots & G_m \end{bmatrix}$$

$$= \begin{bmatrix} & M_1 & \cdots & M_i & \cdots & M_m \\ G_i & -\sum\limits_{j=1}^{n} P(w_j u_{1j}) \ln P(w_j u_{1j}) & \cdots & -\sum\limits_{j=1}^{n} P(w_j u_{ij}) \ln P(w_j u_{ij}) & \cdots & -\sum\limits_{j=1}^{n} P(w_j u_{mj}) \ln P(w_j u_{mj}) \end{bmatrix}$$

$$(6-10)$$

其中，$P(w_j u_{ij}) = \dfrac{w_j u_{ij}}{\sum\limits_{j=1}^{n} w_j u_{ij}}$，$i = 1, 2, \cdots, m$；$j = 1, 2, \cdots, n$。

根据复合关联熵物元模型能够求得跨界创新联盟项目池的第 i 个项目对联盟战略目标的贡献程度 $G_i (i = 1, 2, \cdots, m)$。$G_i$ 的值越大，说明项目 i 对联盟战略目标的贡献越大，项目 i 与联盟战略目标的匹配度越高。

6.2.4　项目间交互关系分析

不同的跨界创新项目间可能客观存在不同的交互关系，且这种交互关系会影响项目组合资源优化配置的结果。主要体现在利益交互关系、资源交互关系和风险交互关系三个方面。

（1）利益交互关系。项目利益交互主要源于项目间存在的互补和替代两种关系。如果一个项目的选择促进另一个项目利益的提高，那么这两个项目间存在互补关系，两个项目组合的整体收益会大于单个项目收益的总和，同时也会起到分担项目组合风险的作用。如果一个项目的选择会导致另一个项目利益的减少，那么这两个项目间存在某种程度的替代关系，两个项目组合的整体收益会低于单个项目收益的总和，同时也可能增加项目风险。

（2）资源交互关系。通常联盟项目组合中所消耗的全部资源并不等于所有项目消耗资源的总和，由于不同项目间对资源需求的重叠性和联盟资源的有限性，不同项目间会存在共享资源和竞争资源两种情形。如果某些核心资源可以共享，项目间可以共享这些资源，从而节约资源成本，提高资源的有效利用率；如果某些核心资源不能共享、不能同时被使用，那么不同项目间分配这些资源是存在竞争关系的，而过分恶性的竞争会导致项目风险加大。因此，资源这种交互关系应当被考虑到项目组合资源优化配置中。

（3）风险交互关系。联盟内各个项目之间不可能是完全独立的，项目间在资源、风险、效益等方面存在交互效应。由于跨界创新项目本质上就是一种由跨行业的不同企业为了实现创新而进行的高技术知识密集型研发项目，涉及跨行业间知识、资源、文化等较大的差异性，这意味着跨界创新项目比一般的高技术项目具有更高的风险性。除此之外，项目与其他项目之间因在核心资源占用、关键技术使用上的相似关联等交互关系所引发的联合风险，都会影响联盟项目组合资源优化配置的结果。

6.2.5 项目组合资源优化配置模型

虽然在对单个项目进行联盟战略匹配度的评价后，可以按照匹配度高低得到一组优化项目，但是各项目之间在资源、利益、风险等方面可能存在各种交互关系，因此，在考虑项目与联盟战略匹配的同时，也要考虑不同项目间的交互关系对联盟项目组合资源优化配置决策的影响。通过构建项目组合资源优化配置模型，选取高度符合联盟及成员战略的一组项目组合方案。在此阶段除了设定模型的约束条件外，还需要选择科学合理的智能优化方法对模型进行求解。对于模型的约束条件，要依据具体的联盟环境和需求变化而改变。

1. 模型构建

假设跨界创新联盟项目池共有 m 个配置项目，对于每一个拟配置项目 $i(i=1,2,\cdots,m)$ 都已知其需要投入资源成本 T_i、预期收益值 ER_i 和失败率 P_i，在联盟资源受限的情况下，根据传统期望收益理论，联盟决策者需要选择使得联盟项目整体收益最大化的一组项目组合配置方案，其项目组合配置优选模型可以表示为：

$$\max V = \sum_{i=1}^{m} ER_i(1 - P_i)Z_i \qquad (6-11)$$

$$\text{s.t.} \quad \sum_{i=1}^{m} T_iZ_i \leqslant D, \ i = 1,2,\cdots,m, \ Z_i \in \{0,1\} \qquad (6-12)$$

其中，式（6-11）表示最大化跨界创新联盟项目组合期望收益的目标函数；式（6-12）表示跨界创新联盟资源约束条件，联盟总投入资源即总预算为 D，Z_i 表示项目是否被选中的决策变量，$Z_i = 1$ 表示项目 i 被选中，$Z_i = 0$ 表示项目 i 没有被选中。

由式（6-10）可以得到 G_i，G_i 表示项目 i 与联盟战略的匹配程度，令 $G_i \in [0,1]$，G_i 越大表明项目 i 对联盟战略目标实现的贡献度越大，被选中的概率越大，并且该项目会使得项目组合期望收益增加；相反，如果 G_i 的取值太小，小于联盟战略目标的最低标准，则该项目被选中的概率较小，如果被选中也会降低项目组合的期望收益。考虑项目组合战略匹配度对项目组合期望收益的影响，跨界创新联盟项目组合的资源配置优选模型可以表示为：

$$\max V = \sum_{i=1}^{m} ER_i(1 - P_i)G_iZ_i \qquad (6-13)$$

当跨界创新联盟项目与项目间存在收益、资源、风险等交互关系时，项目组合配置的某些参数（如期望收益、资源投入成本或失败率）都会受到被选入项目组合的其他项目的影响，跨界创新联盟项目组合的全部期望收益和资源投入成本已不是简单的单个项目加和后的结果。

组合配置能够实现联盟资源的合理分配与利用，以达到项目组合期望收益最大化的目的。

假设跨界创新项目组合 $Z = (Z_1, Z_2, \cdots, Z_m)$，当跨界创新项目间存在收益交互关系时，项目 i 的预期收益值 R_i 可以表示为项目组合 Z 的函数：

$$R_i(Z) = ER_i\left(E_i + \sum_{j=1, j\neq i}^{m} Z_j N_{ij}\right) \tag{6-14}$$

其中，E_i 是跨界创新项目 i 的期望收益率，可以用项目 i 单独实施所获取的期望收益与在跨界创新联盟项目组合配置中该项目所获取的期望收益之比表示；N_{ij} 表示项目 i 和项目 j 同时执行时，项目 i 对项目 j 的收益交互依赖百分比。

当跨界创新项目间存在资源交互关系时，项目 i 的资源投入成本 T_i 可以表示为项目组合 Z 的函数：

$$T_i(Z) = \sum_{i=1}^{m} TZ_i + \sum_{j=1, j\neq i}^{m} \Delta T_{ij} Z_j \tag{6-15}$$

其中，ΔT_{ij} 表示项目 i 和项目 j 同时执行时对项目 i 资源投入成本的影响，$\Delta T_{ij} > 0$ 表示项目 i 的资源投入成本增加了，$\Delta T_{ij} < 0$ 项目 i 的资源投入成本减少了。

同理，当跨界创新项目间存在风险交互关系时，项目 i 的失败率 P_i 也可以表示为项目组合 Z 的函数：

$$P_i(Z) = \sum_{i=1}^{m} PZ_i + \sum_{j=1, j\neq i}^{m} \Delta P_{ij} Z_j \tag{6-16}$$

其中，ΔP_{ij} 表示项目 i 和项目 j 同时执行时对项目 i 失败率的影响，$\Delta P_{ij} > 0$ 表示项目 i 的失败率提高了，$\Delta P_{ij} < 0$ 表示项目 i 的失败率减少了。

将式（6-14）、式（6-15）和式（6-16）分别代入式（6-13）中，可以得到同时考虑项目间交互效应和项目与联盟战略匹配度的跨界创新联盟项目组合优化配置模型为：

$$\max V = \sum_{i=1}^{m} Z_i ER_i\left(E_i + \sum_{j=1, j\neq i}^{m} Z_j N_{ij}\right) G_i\left(1 - \sum_{i=1}^{m} P_i Z_i - \sum_{j=1, j\neq i}^{m} \Delta P_{ij} Z_j\right) \tag{6-17}$$

$$\text{s. t. } \sum_{i=1}^{m} T_i Z_i + \sum_{j=1, j\neq i}^{m} \Delta T_{ij} Z_j \leq D, \ i = 1, 2, \cdots, m, \ Z_i \in \{0, 1\} \tag{6-18}$$

2. 模型求解

上述项目组合资源优化配置模型是一个非线性 0~1 整数规划数学模型，由于模型中存在的变量较多，采用传统常规的优化求解方法不能确保求解结果的整体优化，通常采用群智能优化算法进行求解。果蝇优化算法（FOA）是近两年新兴的一种群体启发式智能算法，该算法是利用果蝇在觅食时表现出对食物味道的超强嗅觉和视觉能力，通过模拟果蝇群体的觅食行为，而提出的一种全局搜索能力很强的演化式算法。果蝇算法具有很强的全能搜索能力、参数设置少、运行简单、易理解、计算速度快等优势，但是同其他智能算法一样，也存在陷入局部最优陷阱问题（Wang et al.，2016）。为此，本书采用改进的果蝇优化算法求解跨界创新联盟项目组合优化配置问题。具体求解步骤如下。

步骤 1：初始化参数设置。初始化最大迭代次数 t、种群规模 M、果蝇群体位置范围 LR、果蝇单次飞行范围 FR、变异因子 F、最大水平 C。其中，种群的初始位置 $X_0(t_0)$、$Y_0(t_0)$ 根据式（6-19）计算。

$$X_0(t_0) = rand(LR)$$
$$Y_0(t_0) = rand(LR) \qquad (6-19)$$

步骤 2：引入水平概率方法更新果蝇个体 i 的初始位置，具体公式如下：

$$X_i(t) = X_0(t) + F \times 10^c \times rand(LR)$$
$$Y_i(t) = Y_0(t) + F \times 10^c \times rand(LR) \qquad (6-20)$$

步骤 3：根据式（6-21）计算果蝇个体 i 距离原点的距离 d_i。

$$d_i = \sqrt{X_i^2 + Y_i^2} \qquad (6-21)$$

步骤 4：根据式（6-22）计算味道浓度判定值 s_i。

$$s_i = \frac{1}{d_i} \qquad (6-22)$$

步骤 5：根据式（6-23）计算当前果蝇群体中每个个体的味道浓度

值 $Smell_i$。

$$Smell_i = fitness(s_i) \qquad (6-23)$$

步骤 6：记录当前果蝇群体中味道浓度值最佳的果蝇的浓度值及对应位置信息。

$$[bestSmell, bestIndex] = \max(Smell) \qquad (6-24)$$

步骤 7：基于随机扰动进行视觉搜索过程。保持最佳味道浓度值和对应果蝇位置信息，群体中的其他果蝇均利用视觉搜索飞向此位置，即

如果 $bestSmell < Smellbest$，那么

$$X_0 = X(bestIndex)$$
$$Y_0 = Y(bestIndex) \qquad (6-25)$$

如果 $bestSmell \geqslant Smellbest$，那么

$$X_0 = X(bestIndex) + 10 \times F \times rand(LR)$$
$$Y_0 = Y(bestIndex) + 10 \times F \times rand(LR) \qquad (6-26)$$

步骤 8：令 $t = t+1$，重复步骤 2 至步骤 7，直至达到最大迭代次数，输出最佳配置方案作为最优解，此算法结束。

6.3　基于投入产出效率的跨界创新联盟资源配置

基于投入产出效率的跨界创新联盟资源配置机制主要是针对跨界创新项目在投入实施期各项目的合理配置，实现投入产出效率最大化，主要包括资源投入产出效率指标的设计和构建科学的资源优化配置方法。

6.3.1　资源投入产出效率指标设计

1. 资源投入产出效率指标设计原则

资源投入产出指标体系的设计可以看作一项系统工程问题，涉及诸

多的学科领域，为保证设计的科学性需要符合以下条件。

（1）要保障指标的选取具有合理性与科学性。所设计的指标应该充分反映创新资源投入产出效率的特征，并且要能全面评价投入产出效率，避免评价的片面性和主观性。

（2）要确保数据的可获性与可操性。选取的指标要确保可以量化获取，只有可操作性的指标才能用于模型的量化分析，实现研究的效果。

（3）要尽可能遵循指标的互斥性与有机性相结合的原则。所选指标之间不应该存在相互包含的关系，应简明精练，尽量考量跨界创新联盟资源配置效率的实际投入产出情况，使得投入指标和产出指标之间能够有机的结合。

2. 资源投入产出效率指标选取

著名的柯布－道格拉斯（Cobb－Douglas）生产函数反映了投入的劳动力数量、资本和综合技术水平共同决定了总产出量，揭示了投入与产出的关系。同理，跨界创新的产出可以归纳为是由创新劳动投入、创新资本投入、创新技术投入等创新资源要素决定的。本书在参考创新资源投入产出相关研究成果的基础上（Cuan and Chen，2010；Carayannic et al.，2016；张永安等，2018），结合跨界创新联盟的特点，设计了跨界创新联盟资源投入产出指标。创新投入指标包括研发人员全时当量，研发经费支出，原材料、仪器及设备支出，购入专利技术经费支出，创新管理投入分别代表创新人力资源、创新财力资源、创新物力资源、创新技术资源、非核心创新资源，其中，创新管理投入包含建立跨界创新联盟战略规划、创新激励机制、知识产权管理制度等要素，是一种非核心无形资源的投入。创新投入体现了跨界创新联盟创新资源配置的总导向，是衡量联盟创新活力与创新意识的关键指标。创新产出包括联盟及跨界创新成员获取的直接效益和间接效益，直接效益包含创新产出的科技成果如专利申请数量和新产品销售收入，间接效益包括国际或国家行业标准数量和科技获奖数量。具体指标体系如表 6-2 所示。

表 6-2　　　　　　　跨界创新联盟资源投入产出指标体系

一级指标	二级指标	指标说明
创新投入	研发人员全时当量	创新人力资源
	研发经费支出	创新财力资源
	原材料、仪器及设备支出	创新物力资源
	购入专利技术经费支出	创新技术资源
	创新管理投入	非核心资源
创新产出	申请专利数量	直接效益
	新产品销售收入	间接效益
	科技获奖数量	
	国际或国家行业标准数	

6.3.2　基于 DEA 的资源配置

从经济学的视角，资源配置可以看作一种投入-产出效率问题，学者们采取不同视角、不同研究对象、不同方法对资源优化配置问题展开了大量研究，主要的研究方法有 DEA 方法及其拓展模型 C^2R 模型、BC^2 模型、Malmquist 指数模型、超效率模型、交叉效率模型等（马占新和赵佳凤，2019）。数据包络分析方法（data envelopment analysis，DEA）是由查尼斯等（Charnes et al.，1978）提出的一种基于相对效率的非参数分析方法，对于生产函数没有严格的形式要求，只需要明确每个决策单元开始的投入产出数据，满足"多元最优化准则"，适用于多投入多产出的复杂系统效率评价问题，已被广泛应用于多输入多产出等问题的综合决策评价研究中。跨界创新联盟中拥有不同类型复杂多样的跨界创新项目，评价选取 DEA 有效的项目是实现联盟内资源最大利用效用的关键有效方法。

　　针对跨界创新联盟内的不同跨界创新项目如何进行创新资源的优化配置，主要涉及创新资源的种类、数量和使用状态、效果等不同维度的衡量，为了定量描述以上情况，可以将问题抽象如下。

　　设跨界创新联盟中有 n 个跨界创新项目，即 $DUM_k(k=1,2,\cdots,n)$，每个决策单元需要输入 r 项投入（即项目对资源的"消耗"），输出 s 项产出（即项目消耗资源后所呈现的效果），投入和产出向量分别表示为 $X_k=(x_{1k},x_{2k},\cdots,x_{rk})$，$Y_k=(y_{1k},y_{2k},\cdots,y_{rk})$，其中 x_{ik} 表示为第 k 个跨界创新项目输入的第 $i(i=1,2,\cdots,r)$ 项投入，y_{jk} 表示为第 k 个跨界创新项目输出的第 $j(j=1,2,\cdots,s)$ 项产出。那么，针对第 k 个跨界创新项目相对效率的 DEA 评价 C^2R 模型如下：

$$\min\theta=\theta_k$$

$$\sum_{k=1}^{n}\lambda_k x_{ik}+s_i^-=\theta_k x_{i0}$$

$$\text{s. t.}\quad \sum_{k=1}^{n}\lambda_k y_{jk}-s_j^+=y_{j0}$$

$$\lambda_k\geqslant 0,\ s_i^-\geqslant 0,\ s_j^+\geqslant 0$$

$$i=1,2,\cdots,r;\ j=1,2,\cdots,s;\ k=1,2,\cdots,n \qquad (6-27)$$

其中，θ_k 表示每个项目的投入相对产出的效率；λ_k 表示每个投入的权重系数；s_i^- 和 s_j^+ 分别表示投入和产出指标的松弛变量，相对于前沿面的投入冗余和产出不足。C^2R 模型是在规模收益不变的约束条件下，综合规模效率和技术效率度量相对 DEA 有效；而 BC^2 模型是在规模收益可变的约束条件下，只考虑纯技术效率的相对 DEA 有效。具体 BC^2 模型如下：

$$\min\theta=\theta_k$$

$$\sum_{k=1}^{n}\lambda_k x_{ik}+s_i^-=\theta_k x_{i0}$$

$$\text{s. t.}\quad \sum_{k=1}^{n}\lambda_k y_{jk}-s_j^+=y_{j0}$$

$$\sum_{k=1}^{n} \lambda_k = 1, \ \lambda_k \geqslant 0,$$

$$s_i^- \geqslant 0, \ s_j^+ \geqslant 0$$

$$i = 1, 2, \cdots, r; \ j = 1, 2, \cdots, s; \ k = 1, 2, \cdots, n \qquad (6-28)$$

其中，若 $\theta_k = 1$，且 $s_i^- = 0$、$s_j^+ = 0$ 时，则表示 DUM_k 为 DEA 有效，说明该跨界创新项目在前沿面上属于技术有效的决策单元；若 $\theta_k = 1$，且 $s_i^- \neq 0$、$s_j^+ \neq 0$，则表示 DUM_k 为弱 DEA 有效；若 $\theta_k < 1$，则表示 DUM_k 为非有效，不在前沿面上，存在技术损失。根据式（6-28）能够求得在规模收益可变的情况下 DUM_k 的纯技术效率 PE，PE 反映了跨界创新联盟在现有技术条件下创新的投入和产出效率，是一个跨界创新项目技术水平的综合衡量指标，在现有技术条件和投入相同的情形下，纯技术效率 PE 的值越大，项目的产出率越大，意味着此项目 DEA 有效，值得投入。

利用上述两个模型可以计算出不同跨界创新项目的相对效率以及资源投入冗余和产出不足。因此，可以依据项目的相对效率为联盟选取最佳的项目进行投入，同时也可以采用投影的方法对 DUM_k 资源投入产出松弛改进量进行修改调整，使其从弱单元或非有效单元转化为有效单元，进而为联盟资源优化配置效率的提升指明具体方向与路径。具体的投影方法如式（6-29）所示，非有效 DUM_k 的有效前沿面投影为（$\tilde{x}_i$，$\tilde{y}_j$）。

$$\tilde{x}_i = \theta_k x_{ik} - s_i^-$$

$$\tilde{y}_j = y_{jk} + s_j^+ \qquad (6-29)$$

6.3.3　核心资源优化配置

由于跨界创新联盟的创新资源是由跨行业、跨领域等的成员主体构成的资源池，资源呈现出多样性与差异性的特征，所以在联盟内并不是所有的创新资源都具有相同的价值空间。对于任何一个企业来说，其拥有的核心专利、技术、研发高级人员等资源都是企业的关键核心资源，与其他普通的资源相比具有高价值性、难以模仿性、稀缺性等特点，因此，核心创新资源是联盟产生创新形成核心竞争优势的关键资源，对其进行配置时不宜与其他资源配置方式相同，特别是在联盟成员对某些核心创新资源的贡献量存在约束成本或者是特定要求的情况下，采用上述两种模型与联盟实际创新资源配置方式存在不相吻合环节。C^2R 模型和 BC^2 模型都将所有的资源视为同样地位进行优化配置，忽视了核心创新资源对联盟及其成员主体的重要性及特殊性，其可能是导致决策单元无效的关键因素。为此，考虑到核心创新资源的优化配置应满足最小化投入同时最大化产出，对传统 DEA 模型进行适当改进以达到核心创新资源的优化配置。

对于跨界创新项目 DUM_k 而言，设投入核心资源的数量为 r_1，非核心资源的数量为 r_2，重要产出的数量为 s_1，非重要产出的数量为 s_2，则 DUM_k 核心资源投入最小化与重要产出最大化的 DEA 模型是指联盟在非核心资源投入不增加、非重要产出不减少的条件下，实现核心资源投入减少与重要产出增多的平衡。具体改进 DEA 模型为：

$$\max W = \sum_{i_1=1}^{r_1} s_{i_1k}^- + \sum_{j_1=1}^{s_1} s_{j_1k}^+ + \varepsilon \Big(\sum_{i_2=1}^{r_2} s_{i_2k}^- + \sum_{j_2=1}^{s_2} s_{j_2k}^+ \Big)$$

$$\text{s. t.} \begin{cases} \sum_{k=1}^{n} \lambda_k x_{i_1k} + s_{i_1k}^- = \theta_k x_{i_1k} \\ \sum_{k=1}^{n} \lambda_k x_{i_2k} + s_{i_2k}^- = \theta_k x_{i_2k} \\ \sum_{k=1}^{n} \lambda_k y_{j_1k} - s_{j_1k}^+ = \theta_k y_{j_1k} \\ \sum_{k=1}^{n} \lambda_k y_{j_2k} - s_{j_2k}^+ = \theta_k y_{j_2k} \\ \lambda_k \geqslant 0, s_{i_1k}^-, s_{i_2k}^-, s_{j_1k}^+, s_{j_2k}^+ \geqslant 0, \\ i_1 = 1,2,\cdots,r_1; \ i_2 = 1,2,\cdots,r_2; \end{cases}$$

$$j_1 = 1, 2, \cdots, s_1 ; j_2 = 1, 2, \cdots, s_2 ;$$

$$k = 1, 2, \cdots, n \qquad\qquad (6-30)$$

其中，λ_k 表示不同投入的权重系数，$s_{i_1 k}^-$、$s_{i_2 k}^-$、$s_{j_1 k}^+$、$s_{j_2 k}^+$ 分别为投入核心资源和非核心资源的冗余变量及重要产出和非重要产出的不足变量，ε 为非阿基米德无穷小量。目标函数为最大化 $s_{i_1 k}^-$ 和 $s_{j_1 k}^+$，即最小化核心资源投入和最大化重要产出。以上三种模型均可以运用 Matlab 或 Lingo 等软件进行求解。

6.4 基于任务需求的跨界创新联盟资源配置

基于任务需求的跨界创新联盟资源配置机制主要是针对联盟跨界创新项目在具体实施后期为满足任务需求，对资源进行最优匹配与重新组合，保证创新项目顺利完成的一套资源配置方案。具体主要包括任务分解、资源匹配和资源重组环节。

6.4.1　任务分解

联盟在开展创新项目或活动的过程中，会面临各种复杂、不同的创新需求任务。基于联盟创新任务需求的资源优化配置需要基于协同优化配置的思想，使得创新资源能够在不同跨界创新成员中均达到最佳的配置状态。基于创新任务需求的跨界创新联盟资源优化配置过程如图 6-3 所示。首先，要根据一定的规则对复杂的创新需求任务（TD）进行逐步分解，直至分成联盟资源库可供给的子任务需求层级（STD）为止；其次，跨界联盟资源提供者的各类信息均汇集在联盟资源中，通过在联盟资源库中搜索、筛选、匹配、重组符合子任务需求的最佳候选资源，形成最优执行方案提供给资源需求方。

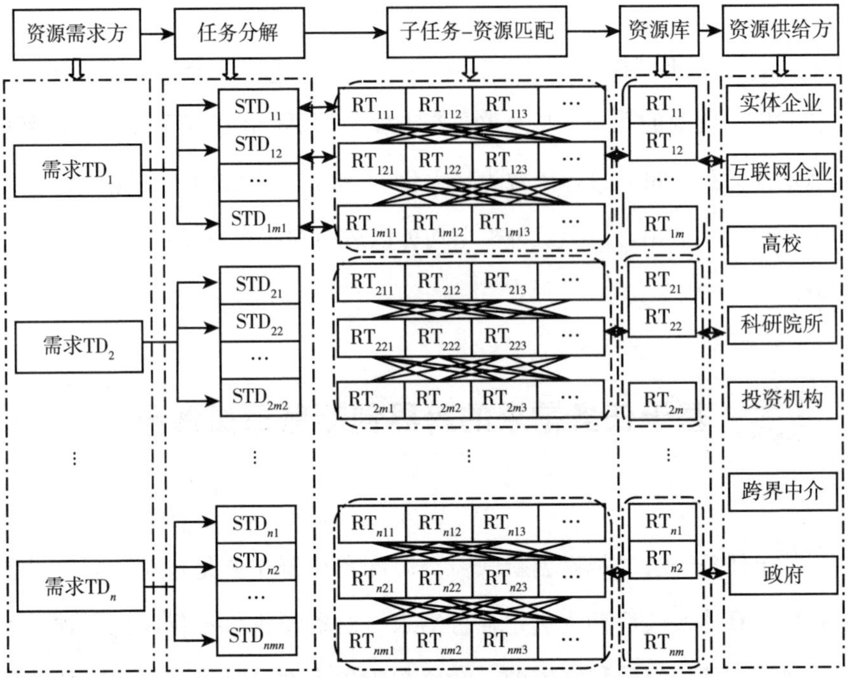

图6-3 基于任务需求的跨界创新联盟资源配置过程

任务分解作为任务与资源匹配的预处理过程，其分解的有效性与可行性直接影响资源匹配的精度与可操作性。科学合理地进行任务分解对整个联盟资源配置过程至关重要。因此，任务分解应遵循以下原则。

（1）特需优先原则。某些创新需求任务存在硬性的指标要求，这些硬指标可能会限制任务被拆分，因此，为更好地满足创新任务需求，针对这种有特殊要求的子任务不应该进行分解。

（2）标准化原则。对于涉及国际标准、行业标准等不同标准的任务不应再分解，应遵循标准化原则进行适当分解。

（3）自上而下原则。对于任何创新任务都应依据具体的执行方式，自上而下逐层进行分解，直至分解到可执行的最小子任务为止。

6.4.2　资源匹配

基于上述分析，针对每个子任务目标需求属性，有必要对每个候选资源集中的候选资源进行排序比较，选取最佳候选资源提供方案。鉴于基于任务需求的联盟创新优化配置是为了满足联盟创新需求任务目标属性，筛选最佳候选匹配资源的过程，可表述为多属性决策问题。而 ELEC-TRE－I 方法作为求解多属性决策问题的一种优化方法，可以针对每一个子任务需求属性，对每个候选资源方案进行排序，进而根据排序结果选取最佳候选资源。ELECTRE－I 方法求解多属性决策问题分为两个环节：一是构造级别高于关系；二是运用所构造的级别高于关系对候选资源中的资源进行排序（岳超源，2003），根据排序顺序选择最佳匹配候选资源。

级别高于关系的构造以决策矩阵 $Y = \{y_{ij}\}$ 表示任务需求目标或属性，无须对决策矩阵进行标准化处理，对候选资源集 X 中的每一个资源 x_i 和 x_k，需要通过和谐性检验和非不和谐性检验来判定两者是否存在级别高于关系，具体步骤如下：

（1）由决策人设定任务需求目标各属性的权重 $w = \{w_1, w_2, \cdots, w_n\}$。

（2）进行和谐性检验。不失一般性地，设每个目标属性 $y_j (j = 1, 2, \cdots, n)$ 的值都是越大越好。

① 属性序号分类。如果对于属性 j，资源 x_i 优于资源 x_k，记作 $x_i >_j x_k$；把所有满足 $x_i >_j x_k$ 的属性 j 的集合记作 $J^+ (x_i, x_k)$，即

$$J^+ (x_i, x_k) = \{j \mid 1 \leq j \leq n, y_j(x_i) > y_j(x_k)\} \tag{6-31}$$

与此类似，可以定义满足 $x_i >_j x_i$ 的属性 j 的集合记作 $J^= (x_i, x_k)$ 和 $x_i <_j x_i$ 的属性 j 的集合记作 $J^- (x_i, x_k)$，即

$$J^= (x_i, x_k) = \{j \mid 1 \leq j \leq n, y_j(x_i) = y_j(x_k)\} \tag{6-32}$$

$$J^- (x_i, x_k) = \{j \mid 1 \leq j \leq n, y_j(x_i) < y_j(x_k)\} \tag{6-33}$$

② 计算和谐指数。

$$I_{ik} = \left(\sum_{j \in J^+(x_i, x_k)} w_j + \sum_{j \in J^=(x_i, x_k)} w_j \right) \bigg/ \sum_{j=1}^{n} w_j \qquad (6-34)$$

其中，I_{ik} 表示资源 x_i 不劣于资源 x_k 的那些属性的权重之和在所有属性权重的总和中所占的比例。

$$I'_{ik} = \left(\sum_{j \in J^+(x_i, x_k)} w_j \bigg/ \sum_{j \in J^-(x_i, x_k)} w_j \right) \qquad (6-35)$$

其中，I'_{ik} 表示资源 x_i 优于资源 x_k 的那些属性的权重之和占 x_i 劣于资源 x_k 的属性的权重之和的比例。

③ 选定和谐指数阈值。选定 $0.5 < \alpha \leqslant 1$，若 $I'_{ik} \geqslant 1$、$I_{ik} \geqslant \alpha$，则表示通过和谐性检验，其中，α 的取值越大，级别高于的关系要求越高，亦即承认 $x_i > x_k$ 所产生的风险越小。

（3）进行非不和谐性检验。多属性决策问题一般默认属性间的补偿性假设，比如说若候选资源 x_i 在某一属性 j_1 上比 x_k 弱，且不论弱多大程度，都能够通过其他属性 $j(j \neq j_1)$ 进行无条件补偿，进而使得整体比较结果 $x_i > x_k$。事实上，这种无条件的补偿是不符合实际决策逻辑的，是可以突破的。在实际求解过程中，决策人经常会因为候选资源 x_i 在某个属性 j_1 上比候选资源 x_k 弱得太多而不再认为 x_i 在总体上优于 x_k，这种对各属性间的补偿进行适当约束就是属性间的有条件可补偿性。ELECTRE – I 法则是通过非不和谐性检验来说明这种决策者对某些属性的要求限制。具体的做法是决策者对每一个目标属性 j 设定一个阈值 $d_j(j = 1, 2, \cdots, n)$，若对任一 $y_j(x_k) - y_j(x_i) \geqslant d_i$，则不管其他属性的值如何，都不接受其他属性的补偿，即不再承认 $x_i O x_k$。

（4）确定级别高于关系。对于资源库中的每一对候选资源 x_i 和 x_k，若 $I'_{ik} \geqslant 1$、$I_{ik} \geqslant \alpha$，且对所有属性 j，$y_j(x_k) - y_j(x_i) \leqslant d_j$，则 $x_i O x_k$。由于从 $x_i O x_k$ 不能推断非 $x_k O x_i$，也不能从非 $x_i O x_k$ 导出 $x_k O x_i$，所以需要分别将 (x_i, x_k) 和 (x_k, x_i) 作为候选资源方案进行考察。

通过 ELECTRE－Ⅰ法的上述 4 个步骤构造的级别高于关系可以画出相应的指向图，根据指向图来删除级别较低的方案，进而确定资源库中的优势子集，选取最佳匹配资源。

6.4.3 资源重组

基于资源基础观，跨界创新联盟进行创新的本质就是将跨产业、行业、组织的异质性的资源重新组合形成一种具有强竞争优势的新资源体系，进而催生出新产品、新市场、新的商业模式，甚至形成新的业态。联盟在开展创新项目或活动的过程中，会面临各种复杂、不同的创新任务需求约束。针对不同的创新任务需求，联盟需要通过重新组合不同成员候选资源的配置方式来满足不同的创新需求。联盟将现有资源依托任务的需求进行重新组合分配，能够形成一种新的资源。由于跨界联盟创新资源的重新组合受制于创新资源的异质性、组织的差异性、任务需求的多样性等因素，如何选取候选资源生成最佳资源组合方案成为满足创新任务的关键问题。基于上述分析，本书进一步通过构建资源组合优化模型，侧重剖析基于多任务需求的跨界创新联盟资源优化配置过程。

1. 问题描述

面向多任务的跨界创新联盟资源组合优选问题可抽象描述为：

（1）跨界创新联盟资源组合描述。跨界创新联盟资源库是由不同联盟成员组成的资源集合。在跨界创新联盟中，每个成员都具有一定的功能资源包，可以将这种功能资源包作为候选资源集，即 $RT = \{r_1, r_2, \cdots, r_k\}$，其中，$r_k$ 表示一种功能资源包。

（2）任务需求指标描述。满足每个任务的需求指标是跨界创新联盟资源组合方案必须考虑的要素。$q_u(r_{jk})$ 表示跨界创新联盟任意成员 r_{jk} 所能提供的某种资源功能包与任务目标需求指标的匹配度。其中，r_{jk} 所能提供的某种资源功能包与任务目标需求指标的总匹配度可以表示为 $Q(r_{jk}) = \{q_1(r_{jk}), q_2(r_{jk}), \cdots, q_u(r_{jk})\}$，$r_{jk}$ 表示第 j 个成员所能提供的第 k 种功能资源。r_{jk}^i 表示第 j 个成员所拥有的第 k 种功能资源被选取到资源组合 R_i 中，对接任务 T_i。其中，$k = 1, 2, K, j = 1, 2, \cdots, J, i = 1, 2, \cdots, I$；$q_u$ 表示任务目标需求属性指标，一般包括时间、费用、质量、可信任性、可持续性、效用性等，其中 $u = 1, 2, \cdots, U$。$q_{it}(T_i)$ 表示某种任务给定的目标需求属性指标约束，创新任务需要分解为一定的目标需求指标 $Q(T_i) = \{q_1(T_1), q_2(T_2), \cdots, q_u(T_i)\}$ 组合去完成。为最大程度地满足任务需求，应侧重选取总匹配度 $Q(r_{jk})$ 最大的资源组合方案。

本书借鉴 Web 组合的思想，将跨界创新联盟资源组合划分为串联、并联、选择、循环四种组合结构，现选取时间、费用、质量、可用性、可靠性作为任务目标需求指标来评估跨界创新联盟资源组合方案。各种不同的目标需求指标表达如表 6-3 所示。

表 6-3　　　　　　　　　　创新任务目标需求指标表达

项目	串联	并联	选择	循环
时间	$q_1 = \sum\limits_{j=1}^{J}\sum\limits_{k=1}^{K} q_1(r_{jk})$ $x(i,j,k)$	$q_1 = \max\limits_{j=1\cdots J}\left(\sum\limits_{k=1}^{K} q_1(r_{jk}) \atop x(i,j,k)\right)$	$q_1 = \sum\limits_{j=1}^{J}\left(\sum\limits_{k=1}^{K_j}(q_1(r_{jk}) \atop x(i,j,k))\right) \times \lambda_j$	$q_1 = w \times \sum\limits_{j=1}^{J}\sum\limits_{k=1}^{K} q_1(r_{jk})$ $x(i,j,k)$
费用	$q_2 = \sum\limits_{j=1}^{J}\sum\limits_{k=1}^{K} q_2(r_{jk})$ $x(i,j,k)$	$q_2 = \max\limits_{j=1\cdots J}\left(\sum\limits_{k=1}^{K} q_2(r_{jk}) \atop x(i,j,k)\right)$	$q_2 = \sum\limits_{j=1}^{J}\left(\sum\limits_{k=1}^{K_j}(q_2(r_{jk}) \atop x(i,j,k))\right) \times \lambda_j$	$q_2 = w \times \sum\limits_{j=1}^{J}\sum\limits_{k=1}^{K} q_2(r_{jk})$ $x(i,j,k)$
质量	$q_3 = \sum\limits_{j=1}^{J}\sum\limits_{k=1}^{K} q_3(r_{jk})$ $x(i,j,k)$	$q_3 = \max\limits_{j=1\cdots J}\left(\sum\limits_{k=1}^{K} q_3(r_{jk}) \atop x(i,j,k)\right)$	$q_3 = \sum\limits_{j=1}^{J}\left(\sum\limits_{k=1}^{K_j}(q_3(r_{jk}) \atop x(i,j,k))\right) \times \lambda_j$	$q_3 = w \times \sum\limits_{j=1}^{J}\sum\limits_{k=1}^{K} q_3(r_{jk})$ $x(i,j,k)$
可用性	$q_4 = \sum\limits_{j=1}^{J}\sum\limits_{k=1}^{K} q_4(r_{jk})$ $x(i,j,k)$	$q_4 = \max\limits_{j=1\cdots J}\left(\sum\limits_{k=1}^{K} q_4(r_{jk}) \atop x(i,j,k)\right)$	$q_4 = \sum\limits_{j=1}^{J}\left(\sum\limits_{k=1}^{K_j}(q_4(r_{jk}) \atop x(i,j,k))\right) \times \lambda_j$	$q_4 = w \times \sum\limits_{j=1}^{J}\sum\limits_{k=1}^{K} q_4(r_{jk})$ $x(i,j,k)$
可靠性	$q_5 = \sum\limits_{j=1}^{J}\sum\limits_{k=1}^{K} q_5(r_{jk})$ $x(i,j,k)$	$q_5 = \max\limits_{j=1\cdots J}\left(\sum\limits_{k=1}^{K} q_5(r_{jk}) \atop x(i,j,k)\right)$	$q_5 = \sum\limits_{j=1}^{J}\left(\sum\limits_{k=1}^{K_j}(q_5(r_{jk}) \atop x(i,j,k))\right) \times \lambda_j$	$q_5 = w \times \sum\limits_{j=1}^{J}\sum\limits_{k=1}^{K} q_5(r_{jk})$ $x(i,j,k)$

注：w 为循环次数；λ_j 为选择结构中的资源执行相关任务的概率，$\sum\limits_{j=1}^{J} \lambda_j = 1$。

（3）跨界创新联盟效用描述。跨界创新联盟作为利益追求者，其利益最大化是跨界创新联盟资源组合方案必然考虑的因素。本书采用跨界创新联盟效用函数来表示联盟完成任务 T_i 可以获得利益 V_i，$V_i = P(T_i) - F(T_i) - C(T_i)$，$P(T_i)$ 是指联盟完成任务 T_i 所获得的相应利益，$F(T_i)$ 是指完成任务 T_i 所需的资源成本，$C(T_i)$ 是指完成任务 T_i 的协调、沟通成本等。

2. 模型构建

面向多任务请求的跨界创新联盟资源组合问题，跨界创新联盟资源组合方案优化应考虑以下原则：一是多任务整体优化；二是组合捆绑，即一个任务请求可以由多个服务组合共同组合完成。基于上述原则，本书分别构建了任务数过量和强约束的跨界创新联盟资源组合模型。

（1）请求任务数过量的跨界创新联盟资源组合情形。当联盟的创新需求任务数量较多时，尽可能完成最多的任务。设定决策变量 $x(i,j,k)$。若 $x(i,j,k) = 1$，即跨界创新联盟中第 j 个成员所拥有的第 k 种资源被选取到资源组合 RT_i 中，用于完成任务 T_i；反之，则 $x(i,j,k) = 0$。若任务 T_i 能够被执行，则 $y_i = 1$，否则，$y_i = 0$。

$$\max \sum_{i=1}^{I} \bar{Q}(RT_i) \tag{6-36}$$

$$\max \sum_{i=1}^{I} y_i \tag{6-37}$$

$$\max \sum_{i=1}^{I} V_i \tag{6-38}$$

$$\text{s. t.} \begin{cases} \bar{Q}(RT_i)y_i \geqslant \bar{Q}(T_i)y_i \\ \bar{Q}(RT_i) = f_{SAW}(\bar{Q}(RT_i)) \\ \bar{Q}(T_i) = f_{SAW}(\bar{Q}(T_i)) \end{cases} \tag{6-39}$$

其中，式（6-36）表示从任务需求的角度考虑，执行 I 个创新需求任务请求的 I 个资源组合方案总匹配度最佳的目标函数；式（6-37）表示跨界创新联盟尽可能完成最多的请求任务；式（6-38）表示从跨界创新联盟整体效益考虑，执行 I 个任务所获得的整体效益最佳目标函数；式（6-39）表示在跨界创新联盟资源能力有限的情况下，联盟总资源匹配度仍旧大于完成任务所需的总匹配度。

（2）强约束的多任务跨界创新联盟资源组合请求情形。强约束是指在跨界创新联盟中所有能够提供的某种功能资源的匹配程度都无法满足任务需求的匹配程度。针对这种情形，本书提出了一种跨界创新联盟资源组合捆绑模式，即一个请求任务可以由多个资源组合服务共同组合完成，不仅限于一个资源组合服务完成。该问题模型表示为：设定决策变量 $x(i,j,k)$ 与 $z(l,i)$，其中若来自第 j 个成员的第 k 种资源被选取到第 l 个组合服务中，则 $x(i,j,k)=1$；反之，$x(i,j,k)=0$。当第 l 个资源组合服务被捆绑到第 i 个资源组合服务组 RTG 中为任务 T_i 服务时，$z(l,i)=1$；反之，$z(l,i)=0$。

$$\max \sum_{i=1}^{I} \bar{Q}(RTG_i) \qquad (6-40)$$

$$\max \sum_{i=1}^{I} y_i \qquad (6-41)$$

$$\max \sum_{i=1}^{I} V_i \qquad (6-42)$$

$$\text{s. t.} \begin{cases} \bar{Q}(RTG_i)y_i \geqslant \bar{Q}(T_i) \times y_i \\ \bar{Q}(RTG_{i\,i}) = f_{SAW}(\bar{Q}(RTG_i)) \\ \bar{Q}(T_i) = f_{SAW}(\bar{Q}(T_i)) \end{cases} \qquad (6-43)$$

其中，式（6-40）至式（6-43）的意义同上述多任务请求的资源组合模型类似，区别是式（6-40）和式（6-43）是由资源组合服务组构成，以反映组合服务捆绑模式。

3. 模型求解

考虑到跨界创新联盟资源组合方案的实际生成问题与一般的多目标

函数优化不同，本书采用量子多目标进化算法（张影等，2016）对跨界创新联盟资源组合问题进行求解。运用量子比特幅编码的染色体如式（6-44），然后对概率幅编码的染色体进行"测量"，进而获得一个确定的由二进制表示的解。该解实质上对应着任务的一种分配方案，如式（6-45）所示，即每个任务由某几个候选资源集组合完成，生成组合方案 C。其中，k 表示编码每个基因的量子比特数，m 表示量子比特幅编码的染色体基因个数，相当于任务的个数。假设跨界创新联盟中可以执行某个具体任务的候选成员资源为 n，则 $k = |\log_2 n|$，k 向上取整。α、β 称为一个量子比特的概率幅，且 $|\alpha|^2 + |\beta|^2 = 1$。通过这种量子编码映射方式去解决面向多任务的跨界创新联盟资源组合问题，所得到的确定解代表了一种任务分配和资源组合方案。

$$p_i' = \begin{vmatrix} \alpha_{11}' \\ \beta_{11}' \end{vmatrix} \begin{vmatrix} \alpha_{12}' \\ \beta_{12}' \end{vmatrix} \cdots \begin{vmatrix} \alpha_{1l}' \\ \beta_{1l}' \end{vmatrix} \begin{vmatrix} \alpha_{21}' \\ \beta_{21}' \end{vmatrix} \begin{vmatrix} \alpha_{22}' \\ \beta_{22}' \end{vmatrix} \cdots \begin{vmatrix} \alpha_{2l}' \\ \beta_{2l}' \end{vmatrix} \cdots \begin{vmatrix} \alpha_{m1}' \\ \beta_{m1}' \end{vmatrix} \begin{vmatrix} \alpha_{m2}' \\ \beta_{m2}' \end{vmatrix} \cdots \begin{vmatrix} \alpha_{ml}' \\ \beta_{ml}' \end{vmatrix} \quad (6-44)$$

$$p_i^j = \underbrace{\begin{vmatrix} \alpha_{11}' \\ \beta_{11}' \end{vmatrix} \begin{vmatrix} \alpha_{12}' \\ \beta_{12}' \end{vmatrix} \cdots \begin{vmatrix} \alpha_{1l}' \\ \beta_{1l}' \end{vmatrix}}_{K_1 K_2 \cdots K_{l1}} \underbrace{\begin{vmatrix} \alpha_{21}' \\ \beta_{21}' \end{vmatrix} \begin{vmatrix} \alpha_{22}' \\ \beta_{22}' \end{vmatrix} \cdots \begin{vmatrix} \alpha_{2l}' \\ \beta_{2l}' \end{vmatrix}}_{K_1 K_2 \cdots K_{l2}} \cdots \underbrace{\begin{vmatrix} \alpha_{m1}' \\ \beta_{m1}' \end{vmatrix} \begin{vmatrix} \alpha_{m2}' \\ \beta_{m2}' \end{vmatrix} \cdots \begin{vmatrix} \alpha_{ml}' \\ \beta_{ml}' \end{vmatrix}}_{K_1 K_2 \cdots K_{lm}} \quad chromosome$$

$$\Downarrow \qquad\qquad \Downarrow \qquad\qquad \Downarrow \qquad binary$$

$$C_x \qquad\qquad C_y \qquad\qquad C_z \qquad colation$$

$$(6-45)$$

具体求解步骤如下。

（1）初始化种群 $O(t)$ 及设定相关参数。设定最大进化次数 $Maxgen$，$(\alpha_i, \beta_i) = \left(\dfrac{1}{\sqrt{2}}, \dfrac{1}{\sqrt{2}}\right)$。

（2）按照二进制竞赛选择，从种群中选出个体用量子旋转门 $U(\theta)$ 更新。

（3）对更新的个体进行量子变异操作。为了获得全局最优解，避免局部最优问题的产生，本书采用量子变异算子对其进行改善。变异概率 p 如式（6-46）所示，$Currentgen$ 表示当前运行代数，$Maxgen$ 表示最大进化代数。

$$p = 1 - \frac{Currentgen}{Maxgen} \qquad (6-46)$$

（4）根据种群中各个个体的概率比特幅对每个个体进行测量，进而得到对应的一组确定解。

（5）用贪婪修正法修正 $P(t)$ 中的不可行解，然后对其进行评价。

（6）通过非支配排序和拥挤距离排序重建存档集合 $A(t)$，生成目标解集 $O(t)$，其中 $O(t) \subseteq P(t) \cup A(t)$。

（7）通过量子门更新 $O(t-1)$ 得到 $O(t)$。

（8）进行迭代循环 $t \leftarrow t+1$ 重复步骤（2）至步骤（7），直到最大进化次数 $Maxgen$ 终止，得到最优解 $O(t)$。

4. 资源重组策略

为了更好地推动跨界创新联盟创新项目或活动的顺利展开，发挥跨界创新联盟资源最大的利用价值，联盟根据不同的发展时期，可以采取不同形式的资源重组策略，具体可以从以下几个方面入手选取最优的资源组合方式。

（1）扩充式资源重组策略。扩充式资源重组策略是从加强知识和技术获取的深度层面出发，指组织整合具有相同或相似功能类型资源的一种重组策略。通过汲取相同功能资源的各种优势，深耕研发某项核心技术，达到增强某项技术水平含量或实现重大技术创新突破。所以，在联盟成员具有产业共性核心技术需要攻克的环境下，可以先采用这种重新组合策略。

（2）互补式资源重组策略。互补式资源重组策略是从加强知识和技术获取的广度层面出发，是指组织整合具有不同功能类型资源的一种重组策略。不同功能类型的资源具有较强的互补性，通过互补性的组合可以达到双方资源的价值增值，这种重组策略较适用于联盟发展中期。联盟依托大数据技术基础设施，通过关键部件模块化、关键环节数据化、技术标准通用化，从而实现互补性资源组合的易操作与动态更新。

6.5　本章小结

本章主要根据跨界创新联盟创新项目的前期立项、投入实施、项目调控三个阶段分别设计了战略主导型、效率主导型、任务主导型的跨界创新联盟创新资源配置机制。其中，战略导向的资源配置机制包括跨界创新项目组合的战略定位、项目组合战略匹配度测量、项目交互关系分析、项目组合优化配置模型；基于投入－产出效率的资源配置机制具体包括投入－产出效率指标设计、基于 DEA 的资源配置、优化核心资源优化配置；基于任务需求的资源配置机制具体包括任务分解、资源匹配、资源重组。

实证研究

7.1 BD 智能汽车创新联盟概况

7.1.1 BD 智能汽车创新联盟简介

互联网企业与传统汽车企业合作研发智能驾驶汽车是一种典型的跨界创新行为。智能驾驶汽车作为"互联网＋汽车"跨界合作创新创造的新物种，是一项高风险、高投入的研发项目，需要先进的互联网技术与造车相关技术和知识的跨界整合。因此，涌现了大量互联网企业与传统造车企业的跨界合作造车现象，打破了互联网行业与汽车行业的界线。智能驾驶汽车的研发与生产仅依靠单一互联网企业或传统造车汽车企业单独研发是不会取得卓越的成果的，只有双方跨界抱团取暖，将互联网企业的高科技技术、数据处理优势与车企的工程能力和制造能力跨界联合，组建跨界创新联盟，共造智能驾驶汽车，才能使得我国汽车领域在全球智能驾驶行业占据一席之地。为此，BAT 三大互联网巨头纷纷与汽车制造商、汽车零部件厂商组建联盟，共同研发智能驾驶汽车项目。

BD 智能汽车创新联盟是由百度通过对外开放自身在人工智能领域的技术，吸引汇集大量汽车行业与自动驾驶技术领域的合作伙伴加入平台，共同参与智能汽车技术的研发及生产活动而组建的跨界创新联盟。旨在通过整合联盟内各成员的优势资源，共同致力于智能驾驶汽车的创新与应用，并推动相关法规、政策的制定，助力中国汽车工业乃至整体制造业水平进入全新的智能化阶段。

7.1.2　BD 智能汽车创新联盟组织结构

该联盟组建初期成员大约有 50 多家，截至目前其已经拥有成员伙伴约 116 家企业和机构，主要是由互联网企业、整车企业、汽车零部件企业、高校科研所、金融投资机构等共同构成的。其中，主要成员包括北汽、奇瑞、江淮、一汽、长安、金龙等 15 家领先的汽车制造厂商；博世、大陆、采埃孚、德赛西威等 10 家汽车零部件厂商；NVIDIA、微软、中兴通讯、Velodyne、TomTom、紫光展锐、富迪等 12 家多领域关键零部件生产商；AutonomouStuff、地平线等 3 家新锐初创企业；神州优车、Grab taxi 等 3 家出行服务商；清华大学、上海交通大学、北京航空航天大学、中国汽车工程研究院、长沙智能驾驶研究院等 7 家高校和科研院所；以及保定政府和金融投资机构。

BD 智能汽车创新联盟的组织结构如图 7 - 1 所示，属于一种嵌套型的共生网络组织结构，由百度、英伟达、博世、大陆、北汽、一汽等 10 家核心智能驾驶技术企业、汽车制造厂商、零部件厂商构成的核心创新网络层，以及核心企业与围绕这些核心企业运作的中小卫星企业，如 Velodyne、Momenta、清华大学、保定市人民政府、金融机构等构成的子网络层共同组建。

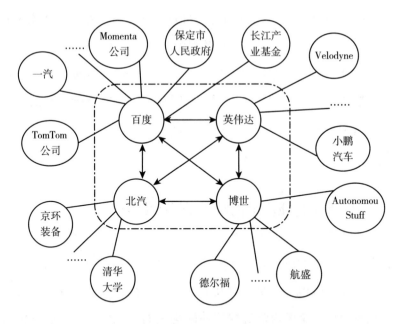

图 7-1　BD 智能汽车创新联盟组织结构

7.1.3　BD 智能汽车创新联盟发展状况

百度自 2013 年起就专注研发自动驾驶技术，并成立了智能驾驶汽车事业部，经过 4 年在自动驾驶技术领域的钻研积累，搭建了百度 Apollo 自动驾驶开放式平台，将积累多年的自动驾驶技术、数据和资源面向全行业开放，并依托 Apollo 平台不断吸引汽车生态伙伴加入联盟共创价值。百度不断整合车辆、自动驾驶技术、芯片、车载硬件、传感器等领域的合作成员资源，Apollo 开放式平台已从 Apollo 1.0 版本逐渐升级到 Apollo 3.5 版本。Apollo 3.5 平台将从软件、硬件、数据集和工具、专项基金、开发者社区、测试场地等方面为联盟成员及从事自动驾驶技术的开发者提供全方位赋能。

目前，BD 智能汽车创新联盟通过整合各方资源已取得了可观的成果，突破了从整合技术创新到产品生产的跨越式发展，成功研发了全球首款人车 AI 交互系统——小度车载 OS 和 Apollo Pilot 自动驾驶产品。其中，百度 Apollo 凭借自身丰富的人工智能技术积累、庞大的数据资源以及多维度的技术，通过整合多家核心自动驾驶技术，如国际一流自动驾驶公司 Mobileye 的核心自动驾驶安全模型 RSS，与中国交通事故深入研究工作组提供的中国交通事故数据等成员企业，对产品选型、功能设计、驾驶测量、性能指标等多方面进行了综合衡量，开发了满足中国及欧洲汽车安全标准的 Apollo Pilot 自动驾驶产品。小度车载 OS 和 Apollo Pilot 也已搭载比亚迪、金龙汽车成功创造出无人驾驶新能源乘用车与全国首款无人驾驶微循环巴士"阿波龙"，以及与智行者科技合作打造的无人驾驶扫路机和无人驾驶物流车等，能够满足家用出行、园区接驳、城市清洁、物流运输等全方位的需求。

除此之外，百度的 Apollo Pilot 自动驾驶产品还将搭载北汽、江淮、奇瑞等整车企业致力于 2020 年推出自动驾驶量产车型。百度还与雄安新区达成合作，将雄安打造为全球领先的智能出行城市样本。ROS 也将携手百度 Apollo 增强开发者对自动驾驶行业的认知，双方还将建立专业的顾问团队，推动开源软件在汽车行业的应用，为个人开发者、厂商及政府提供向着更高级别自动驾驶冲锋的"武器"。综上所述，就 BD 智能汽车联盟的发展现状来看，联盟资源整合态势正处于发展期，正在向产品化、量产化、解决方案化迈进，未来 5～10 年将整合类脑智能、量子计算、5G 通信等技术资源，致力于自动驾驶朝向更多的产业落地。

7.2　BD 智能汽车创新联盟资源识别

7.2.1　核心资源识别

根据前文设计的核心资源识别特征维度和识别过程，对 BD 智能汽车联盟核心资源进行识别，具体的识别步骤主要包括核心资源识别指标确定、核心资源的外部识别、资源分解、资源内部检验。基于 3 个生产系统的检验可以识别出 BD 智能汽车联盟的核心资源，具体包括自动驾驶相关的核心技术、成熟的整车技术与完整的产业链条、汽车零部件及核心配件、自动驾驶相关科研技术与人才。

（1）自动驾驶相关的核心技术。百度在自动驾驶尤为关键的云计算、大数据、人工智能方面有着多年的研发投入和技术积累。目前百度拥有环境感知、行为预测、规划控制、智能互联、车载硬件、人机交互等多项自动驾驶相关的核心技术，并在自动驾驶技术、汽车网联应用以及汽车大数据服务等领域推出比较完备的智能汽车软件方案，为战略合作提供自动驾驶必需的完整软硬件和服务解决方案；成员 TomTom 公司提供一流的高精地图搜索技术；英伟达提供 Volta 架构芯片、Drive 计算系统等核心技术等。

（2）成熟的整车技术与完整的产业链条。奇瑞、比亚迪、北汽、江淮、一汽、金龙客车等提供成熟的整车技术与完整的产业链条和销售服务。

（3）汽车零部件及核心配件。全球领先的汽车零部件供应商博世和大陆集团，以及德赛西威、联合汽车电子、博泰电子、联合电子等行业领先的汽车零部件厂商提供零部件及核心配件；Velodyne 提供保障自动驾驶安全上路最重要的核心硬件之一——激光雷达。

（4）自动驾驶相关科研技术与人才。清华大学、上海交通大学、北京航空航天大学、中国汽车工程研究院、长沙智能驾驶研究院等 7 家高校和科研院所输入前沿自动驾驶相关技术及人才。

7.2.2　资源缺口识别

1. 资源需求分析

资源缺口一直伴随着联盟成长的整个过程，始于对资源需求的分析。

BD 智能汽车创新联盟在制订智能驾驶汽车相关研发项目后，在每个项目研发的不同阶段可能都伴随着资源缺口的存在。每一项研发活动都存在相应的业务流程，而每一个业务都需要若干资源来支持完成。根据相应的业务流程图或研发活动关键事件可以确定智能驾驶汽车相关研发所需的各项关键资源和技术，即联盟的资源需求集合 RD。因此，明确智能驾驶汽车相关研发项目所对应需求的资源是识别资源缺口的第一步骤。

2. 资源供给分析

对于联盟的资源供给应从联盟现有资源的类型、存量、属性特性以及使用情况等基本属性状况进行分析评估。BD 智能汽车联盟的资源供给主要包括联盟各成员愿意贡献的各种资源，可以根据 Apollo 平台集聚的资源汇总信息列表获取联盟资源供给集合 RS。

3. 资源缺口确定

BD 智能汽车创新联盟资源缺口可以通过资源的供需匹配来实现，将资源需求集合 RD 与资源供给集合 RS 进行匹配，通过寻找两个集合不匹配的部分确定资源缺口集合 $\overline{DS}$，如图 7 – 2 所示。

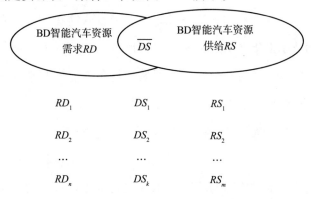

图 7 – 2　BD 智能汽车创新联盟资源供需匹配

4. 资源缺口分类

为有效弥补 BD 智能汽车创新联盟资源缺口，必须结合联盟现有资源的实际水平，即能够用于获取缺口资源的资源分配问题。在联盟资源受限的情况下，需要判断不同的缺口资源以某种策略弥补或获取的可能性。可以根据资源需求的价值将缺口资源分为急需资源和非急需资源两类，进而选择适宜的资源获取方式来弥补资源缺口。联盟首先应当将现有资源尽可能地分配到急需资源的获取，然后再考虑非急需资源的获取，以保障现阶段联盟创新活动得以正常运转。一般来说，急需资源可以采取联盟外部获取方式，如购买或外包获取，非急需资源可以采取联盟内部获取方式，如共享策略或耦合开发策略等逐渐积累获取。

7.3 BD 智能汽车创新联盟资源融合

7.3.1 资源集聚

BD 智能汽车联盟资源集聚主要是基于平台的形式，借助人工智能、物联网等技术，将云—边—端—行业及消费者联结在一起，并将联盟成员的资源和技术汇集在 Apollo 平台。百度依托 Apollo 平台不断吸引汽车制造商、供应商以及科技公司加入联盟，将各方愿意共享的资源汇集到平台上，实现各成员子平台与资源的有效链接与集成。

其中，值得一提的是，百度 Apollo 智能驾驶软件平台与比亚迪 Dilink 开放汽车硬件平台互通互联，并且共同打造了车辆认证平台，提高了联盟集聚车企、车辆供应商与无人技术开发者的多样性，为联盟集聚智能驾驶汽车相关资源增加了浓厚的一笔，加快了联盟资源集聚水平与速度。

目前依托 Apollo 自动驾驶开放平台，BD 智能汽车创新联盟已经将智能汽车不同环节的跨界合作成员的资源集聚在一起，初步构成了智能驾驶汽车生态圈。通过 Apollo 开放平台实现开放能力、资源共享、加速创新、持续共赢，共同推动智能驾驶汽车的跨越式发展。其中，BD 智能汽车创新联盟云平台体系结构如图 7-3 所示。具体包括数据平台、云端服务平台、开源软件平台、硬件开发平台、车辆管理平台，通过各子平台的有效联结与集成，集聚和积累多视角多方位的创意、信息、资金和人才等创新资源，形成联盟共享资源库，为跨界资源的高效整合提供桥梁与管道。

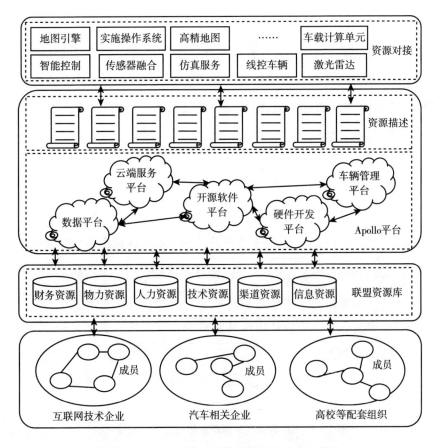

图 7-3　BD 智能汽车创新联盟云平台体系结构

7.3.2　资源共享

1. BD 智能汽车创新联盟资源共享过程

联盟首先依托 Apollo 平台将不断积累的代码、服务、数据等在内的技术能力开放给所有联盟成员。其次，各成员企业既可以在没有附加条件的前提下使用 Apollo 开放的部分数据集，也可以通过贡献数据换取百度全套数据集的使用，包括高清地图、训练数据，但 Apollo 会要求成员也贡献数据。其中，百度和博世、大陆将按照资源互补、技术互补的合作原则，共同探讨和实践对应的商业模式，加速技术向产品的有效过渡，共同为自动驾驶、智能交通、智能车联网提供全面、系统、可靠的解决方案。BD 智能汽车创新联盟资源共享过程如图 7 – 4 所示，成员跨越各种共享阻碍边界，通过资源转移、处理、转化三个过程，实现不同领域知识与技术跨界共享。

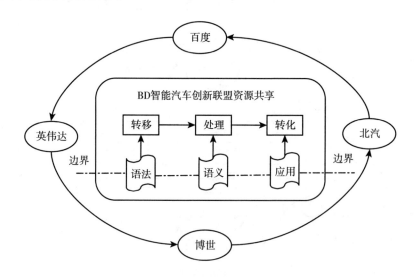

图 7 – 4　BD 智能汽车创新联盟资源共享过程模型

2. BD 智能汽车创新联盟资源共享协调

由于联盟各成员存在跨行业、文化等方面的差异，可能导致其部分资源和知识的表示方式、技术兼容性等存在差异，进而阻碍资源的有效共享与利用。为此，BD 智能汽车创新联盟针对自动驾驶汽车相关技术和资源共享时可能遇到的技术标准、知识表达不一致等问题，主要采用了模块化接口技术，具体体现在感知技术资源、数据资源、车辆认证资源方面。

（1）针对感知技术资源的有效共享建立了线上感知模块和线下标定服务平台。其中，线上感知模块提供基于深度学习的点云动态障碍物的检测、分割和基于运行的跟踪，主要包括障碍物检测识别模块和红绿等检测识别模块两大核心模块。

（2）针对数据资源的有效共享建立了仿真场景数据模块、标注数据模块、演示数据模块三大数据模块。其中，每一个数据模块还设计了不同的子模块，如演示数据模块细分为车载系统演示数据模块、自定位数据模块、端到端等数据模块，旨在帮助资源接收者尽快地利用各模块代码进行创新开发。

（3）针对车辆认证资源的有效共享，首次在业内提出标准化的无人驾驶系统与车辆接口，在标准化的接口下，开发者只需简单地配置就可以将同一套代码快速部署到与 Apollo 兼容的多重开放车辆上，同时，车辆提供商也可以更便捷地将车辆平台接入 Apollo 开放平台，从而为联盟内车辆提供商与无人驾驶开发者之间资源的有效联结与共享提供管道。

结合上述 BD 智能汽车联盟资源共享协调的实际运行状况来看，符合本书设计的基于模块化的理论思想及推动资源转移方和资源接收方无缝对接的协同管理方案。基于模块化的资源共享调节机制的主要思想是将跨界共享的资源封装在每一个具有不同功能的模块内，以模块为资源共享与交互载体，利用不同模块接口之间的连接实现跨界资源共享。基于这种模块化的资源共享协同机制有助于知识资源的顺畅共享与转移，避免知识资源的外溢，还可以利用不同资源模块间的柔性组合实现跨界突破性技术创新。

3. BD 智能汽车创新联盟资源共享激励

BD 智能汽车创新联盟十分重视成员间的资源共享活动，采取了相应的激励措施，具体表现在以下几方面。

（1）BD 智能汽车创新联盟通过搭建 Apollo 智能驾驶汽车服务平台，保障了信息和知识的有效传递，促进了各方创新资源的整体对接与协同。BD 智能汽车联盟通过设立在线学习无人驾驶课程，为成员营造良好的学习氛围，通过积极开展多渠道、多样化的跨界创新交流与学习活动，增加成员彼此的了解和信任，进而激发成员资源共享的主动性。

（2）BD 智能汽车创新联盟还通过为成员提供各种优惠政策来激励共享资源。例如，激光雷达作为自动驾驶汽车的"眼睛"，是保障自动驾驶安全最重要的硬件资源，由于其制作工艺超复杂，激光雷达每年产量有限、价格贵，在国内供不应求，使得一些智能驾驶企业面临"买不到、买不起"的困境。而百度智能驾驶汽车联盟成员企业 Velodyne 作为全球领先的激光雷达制造商，为 Apollo 联盟成员提供专门的 Velodyne 激光雷达购买渠道，除此之外，联盟成员还享有更短的供货周期和专业的技术支持。这种成员间互利互惠的会员优惠政策，可以提高成员资源共享的意愿。

（3）BD 智能汽车联盟应建立规范适宜的联盟成员进入与退出机制，加强对成员资源共享的意愿、信用等级、竞争能力等多方面的综合评价，选择成员时应注重成员的跨界整合能力及其资源的互补性，从而增加智能驾驶汽车生态系统的多样性与生产力。

7.3.3　资源耦合

　　资源耦合是指不同行业、领域的创新资源通过相互联结、渗透、融合等方式形成一种更高层次、更大价值的新资源的过程。因此，可以将资源耦合行为看作联盟各成员之间通过不断相互作用从而创造新资源或新价值的过程。耦合形成的新资源可以为新产品的开发配置提供有效资源供给。然而，资源能够进行耦合的前提是资源之间存在某种关联关系。采用本书设计的资源耦合价值判定标准，可以为联盟节约各项成本、挖掘最有价值的资源提供耦合决策指导。BD 智能汽车创新联盟结合自身的实际需求和资源耦合价值选取适宜的资源进行耦合，具体耦合方式如表 7 - 1 所示。

表 7 - 1　　　　　　　　BD 智能汽车创新联盟资源耦合方式

耦合类型	耦合对象	具体耦合方式	耦合目的
横向耦合	百度 + TomTom	2017 年 7 月 5 日，百度与 TomTom 于中国北京举办的百度 AI 开发者大会上宣布联手研发用于自动驾驶的高精地图，百度将利用 TomTom 的实时地图生产平台来改进在中国使用的高精地图	研发全球统一标准的自动驾驶高精地图，并全面整合双方在高精地图和人工智能方面的专业知识
	百度 + 微软	2017 年 7 月 18 日，微软与百度宣布，双方将携手推进全球自动驾驶技术的发展与应用。运用微软提供的智能云 Azure 服务，如人工智能、机器学习、深度神经网络功能来分析数据，大大加速了无人驾驶技术的安全性	通过双方在人工智能、机器学习、深度神经网络等自动驾驶相关技术方面的强强联合，共同推动自动驾驶技术的发展
	百度 + Momenta 创业公司	新锐自动驾驶创业公司 Momenta 与百度 Apollo 合作，通过 Momenta 强于视觉为主的自动驾驶技术与百度 Apollo 基于激光雷达为主的技术相辅相成，推动自动驾驶技术在夜间、雾霾天等恶劣的视觉环境下的开发速度与质量	利用双方团队在自动驾驶技术方面的资源优势互补，共同研发昼夜定车道自动驾驶技术

续表

耦合类型	耦合对象	具体耦合方式	耦合目的
垂直耦合	百度+博世+大陆	2017 年 5 月 31 日和 6 月 1 日，百度分别与德国大陆集团、德国博世集团在柏林签署战略合作协议，双方将在自动驾驶、智能交通、智能车辆领域展开深入合作	双方将按照资源互补、技术互补的合作原则，共同为自动驾驶、智能交通、智能车联网提供全面、系统、可靠的解决方案。在合作初期，百度与博世将采取深度技术合作的模式
	百度+北汽	2017 年 10 月 13 日，北汽集团与百度在北汽产业研发基地签订战略合作仪式，宣布双方在自动驾驶、车联网、云服务等领域进行跨界合作，全面打造"人工智能+汽车"生态	百度 DuerOS、车辆信息安全、图像识别等产品和技术与北汽集团车载系统深度融合，共同打造"一站式"车联网产品；共同探讨在云服务、智慧交通、移动出行等领域的大数据增值服务
	百度+清华大学	百度联合清华大学汽车工程系，依托大学的人才、研究实验室、科研成果，共同开发适用于中国道路环境的自动驾驶技术，不断构建以技术资源共建、共享为核心的中国智能汽车生态模式	进一步加强中国自动驾驶技术的研发与应用
	百度+保定市人民政府	2017 年 7 月 5 日，百度与保定市人民政府正式签订共建智能交通示范城市的战略合作协议，双方合作将依托保定市提供的封闭场所、城市开放道路基础设施和数据等资源，结合百度在人工智能、自动驾驶、云计算、大数据、地图等领域的技术优势，共同开展自动驾驶相关技术测试、体验示范、商业运营及标准法规探索等方面的合作	共建智能交通示范城市，推动自动驾驶新技术、新产品、新服务的实验验证与成功转化
	百度+首汽约车	2017 年 10 月 26 日，百度与首汽约车宣布达成战略合作伙伴关系，双方将重点推进自动驾驶、车联网的商业化运行，并进一步探索自动驾驶网约车商业运营模式，共建智慧交通网络	共同探索智能驾驶汽车共享的创新模式

资料来源：作者根据公开资料整理。

7.4　BD 智能汽车创新联盟资源配置

7.4.1　基于战略导向的资源配置

根据 5.2.1 节设计的跨界创新联盟项目组合资源动态优化配置过程，选取联盟战略导向下的多个待选项目，以每个项目具有的特征属性构建项目组合战略匹配度的评价指标，对 BD 智能汽车创新联盟项目组合进行资源优化配置。为了简化计算，假设 BD 智能汽车创新联盟拟投资 8 个新项目：①汽车智能互联服务开发；②车载系统开发；③智能商务车开发；④L4 量产自动驾驶巴士；⑤车联网项目；⑥L3HMI 人机交互产品；⑦感知系统开发；⑧自动驾驶高精地图技术研发。由于联盟的研发资金、人力资源、技术资源等有限，这 8 个项目不能同时开展实施，只能在充分利用现有资源的前提下选取能够获取整体效益最大的项目组合。BD 汽车联盟项目管理决策委员会通过市场调研与一系列项目评估活动后，得到了每个项目的未来预期收益、资源成本、失败率、期望收益率，如表 7 - 2 所示。

表 7 - 2　　　　　　　　　新开发项目的部分数据

指标	项目编号							
	1	2	3	4	5	6	7	8
预期收益（ER）（百万元）	355	460	560	625	700	840	925	960
资源成本（T）（百万元）	155	160	190	155	210	240	395	480
失败率（P）	0.2	0.75	0.50	0.30	0.40	0.10	0.30	0.20
期望收益率（E）	0.85	0.65	0.90	0.70	1.00	1.00	0.85	0.50

（1）确定项目与战略匹配度大小。以每个项目具有的特征属性构建项目组合战略匹配度的目标指标，主要包括财务目标、客户满意度、组织成长、战略目标优势、技术优势、规避风险能力、社会声誉。采用专

家打分法来确定各指标的取值，最高 5 分，最低 0 分，获取项目复合物元模型 R。

$$R = \begin{bmatrix} & M_1 & M_2 & M_3 & M_4 & M_5 & M_6 & M_7 & M_8 \\ \text{财务目标} & 4.5 & 3.5 & 3.0 & 4.0 & 2.5 & 3.0 & 3.0 & 3.0 \\ \text{客户满意度} & 3.0 & 2.0 & 3.5 & 3.5 & 3.5 & 2.5 & 2.5 & 2.5 \\ \text{组织成长} & 3.5 & 4.0 & 3.0 & 2.0 & 3.0 & 4.0 & 4.0 & 4.0 \\ \text{战略目标优势} & 2.5 & 3.5 & 4.0 & 3.0 & 3.5 & 2.5 & 2.5 & 2.5 \\ \text{技术优势} & 4.0 & 2.0 & 3.5 & 3.0 & 3.5 & 3.0 & 3.0 & 3.0 \\ \text{规避风险能力} & 3.5 & 4.0 & 3.0 & 4.0 & 3.0 & 2.0 & 2.0 & 2.0 \\ \text{社会声誉} & 3.5 & 2.0 & 3.5 & 3.5 & 3.5 & 4.0 & 4.0 & 4.0 \end{bmatrix}$$

然后根据式（6-2）至式（6-4）可以得到项目组合战略匹配度的标准复合物元 U。

$$U = \begin{bmatrix} & M_1 & M_2 & M_3 & M_4 & M_5 & M_6 & M_7 & M_8 \\ \text{财务目标} & 0.01 & 0.09 & 0.16 & 0.04 & 0.25 & 0.16 & 0.16 & 0.16 \\ \text{客户满意度} & 0.16 & 0.36 & 0.09 & 0.09 & 0.09 & 0.25 & 0.25 & 0.25 \\ \text{组织成长} & 0.09 & 0.04 & 0.16 & 0.36 & 0.16 & 0.04 & 0.04 & 0.04 \\ \text{战略目标优势} & 0.25 & 0.09 & 0.04 & 0.16 & 0.09 & 0.25 & 0.25 & 0.25 \\ \text{技术优势} & 0.04 & 0.36 & 0.09 & 0.16 & 0.09 & 0.16 & 0.16 & 0.16 \\ \text{规避风险能力} & 0.09 & 0.04 & 0.16 & 0.04 & 0.16 & 0.36 & 0.36 & 0.36 \\ \text{社会声誉} & 0.09 & 0.36 & 0.09 & 0.09 & 0.09 & 0.04 & 0.04 & 0.04 \end{bmatrix}$$

根据式（6-5）至式（6-8）可以得到项目特征指标权重的复合物元 Q。

$$Q_{ij} = [0.38, 0.12, 0.08, 0.17, 0.15, 0.08, 0.02]$$

最后根据式（6-10）可以计算得到项目战略匹配度 G。

$$G_{ij} = [0.95, 1.28, 1.20, 1.27, 1.20, 1.25, 0.80, 0.99]$$

（2）确定项目间的交互关系。通过对 BD 汽车联盟项目管理决策委员会的成员进行深度访谈，并结合项目立项申请书给出项目间的各种交互关系。收益关系表示为：$N_{13} = 0.4$，$N_{23} = 0.2$，$N_{26} = 0.4$，$N_{35} = 0.5$，$N_{41} = 0.2$，$N_{42} = 0.4$，$N_{75} = 0.1$，$N_{81} = 0.2$，$N_{85} = 0.2$；资源成本关系表示为：$\Delta T_{21} = -5$，$\Delta T_{41} = -5$，$\Delta T_{32} = -20$；风险关系表示为：$\Delta P_{23} = 0.25$。

（3）根据式（6-17）和式（6-18）建立项目组合优选模型：

$$\max V = \sum_{i=1}^{m} Z_i ER_i \left(E_i + \sum_{j=1, j \neq i}^{m} Z_j N_{ij} \right) G_i \left(1 - \sum_{i=1}^{m} P_i Z_i - \sum_{j=1, j \neq i}^{m} \Delta P_{ij} Z_j \right)$$

$$\text{s. t.} \sum_{i=1}^{m} T_i Z_i + \sum_{j=1, j \neq i}^{m} \Delta T_{ij} Z_j \leq D, i = 1, 2, \cdots, m; Z_i \in \{0, 1\}$$

（4）采用改进的果蝇优化算法对模型进行求解，得到最佳的项目组合。将改进后的果蝇优化算法用 C++ 语言编程实现。具体参数设置为：最大迭代次数1000、种群规模100、果蝇群体位置范围 $[6.0 \times 10^5, 7.0 \times 10^5]$，果蝇单次飞行范围 $[1 \times 10^4, 2 \times 10^4]$，变异因子0.5。由于基于水平概率方法对果蝇个体的初始位置进行了优化，消除了陷入局部最优的陷阱，缩短了搜索空间和运行时间，提高了算法的准确度和效率。采用改进后的果蝇优化算法对本书构建的项目组合优化配置模型求解，结果如表7-3所示。

表 7-3　　　　不同项目组合优化配置方法的计算结果比较

预算比例（％）	项目组合优化配置方法	项目组合构成	组合收益	组合成本
50	传统模型	{2, 3, 6, 7}	1765.84	980.00
	本书模型	{2, 3, 4, 5, 6}	2580.43	935.00
60	传统模型	{1, 4, 5, 6, 7}	2478.00	1168.00
	本书模型	{2, 3, 5, 6, 7}	2610.55	1172.00
70	传统模型	{1, 2, 5, 6, 8}	2785.50	1380.00
	本书模型	{2, 3, 4, 5, 6, 7}	3279.42	1310.00

（5）结果分析。综合考虑项目间交互效应和项目与联盟战略匹配度对BD智能汽车联盟项目组合的影响，采用本书构建的优化配置方法进行计算，当成本预算在70％时可得到最佳的项目组合配置方案为 {2, 3, 4,

5，6，7}，组合总收益为 3279.421 百万元，组合成本为 1310 百万元，而仅考虑项目间交互关系的存在，未考虑项目与联盟战略匹配度的传统组合配置模型，经过计算可得到的项目组合配置方案为 {1，2，3，4，5，6，8}，组合总收益为 2785.50 百万元，组合成本为 1380.00 百万元，很明显本书构建的同时考虑项目间交互关系和项目与联盟战略匹配度的跨界创新联盟项目组合优化配置模型优于传统仅考虑项目间交互关系的项目组合优化配置模型所得到的方案结果，同时具有组合收益较大且投资资源成本较低的综合优势。此外，通过改变投入资源约束条件，可以发现在总预算变为 50% 和 60% 的情形下，各项目组合配置方案也随之发生变化，但是，相比之下采用本书构建的模型获取的项目组合收益一直是最大的，从而验证了本书构建的跨界创新联盟项目组合优化配置模型和求解算法的有效性。因此，BD 智能汽车创新联盟可以运用本书构建的三种资源配置机制对联盟研发投入资源进行合理的优化配置。

7.4.2 基于投入产出效率的资源配置

从 BD 智能汽车创新联盟项目管理决策委员会获取联盟开发的 6 个项目投入产出运行实际数据，根据传统 C^2R 模型，运用软件 Matlab 对模型求解，可以得到 6 个项目的相对效率，如表 7-4 所示。

表 7-4   6 个项目相对资源配置效率

项目	2	3	4	5	6	7
相对效率	1	0.72	1	0.78	0.94	1

由表 7-4 可知，BD 智能汽车创新联盟 6 个项目中，项目 2、项目 4、项目 7 的相对效率 θ 等于 1，且各项目对应的 $s_i^- = 0$、$s_j^+ = 0$，因此这 3 个项目均属于 DEA 有效的。但是，项目 3、项目 5、项目 6 为非 DEA 有效的（$\theta < 1$），为了实现 BD 智能汽车联盟资源高效优化配置，利用改进的 DEA

模型对这 3 个项目进行资源优化配置分析，将其改进为 DEA 有效单元。

6.3.1 节设计了 5 项投入资源，根据核心资源的含义并结合 BD 智能汽车联盟实际的创新活动情况，现以"研发经费支出"作为核心资源、"新产品销售收入"作为重要产出，利用改进的 DEA 模型可得到 3 个非有效项目的核心资源与重要产出在优化前后的变化情况，如表 7 - 5 所示。

表 7 - 5   方案优化前后项目核心资源投入与重要产出变化情况

项目	优化前		优化后	
	x_2	y_1	x_2	y_1
3	190	571.5	182	571.5
5	208	720.8	201	720.8
6	238	800.4	230	805.7

由表 7 - 5 可以看出，与优化前相比，在两种资源优化配置方案中，非有效项目 3、项目 5、项目 6 的核心资源研发经费 x_2 均得到了不同程度的减少，项目 6 的重要产出增大，项目 3 和项目 5 的重要产出 y_1 未发生改变。因此，对于部分项目来说，本书改进的 DEA 资源优化配置方案，即同时兼顾优化核心资源投入与重要产出的资源优化配置方案，可以达到节约少量核心资源成本并实现重要产出最大化的目标，并将其改成 DEA 有效单元。适用于跨界创新联盟成员对某些核心创新资源的贡献量存在约束成本或者特定要求的情况，能够有效地提高核心创新资源的利用率。

7.4.3   基于任务需求的资源配置

现以 BD 智能汽车创新联盟的感知系统开发项目为例，根据任务分解的原则，将其分解为激光雷达、毫米波雷达、车载摄像头、组合惯导四个子任务，利用需求信息在联盟资源库中搜索匹配可以得到符合各子任务需求目标性能属性的候选资源，其中以激光雷达技术为例，可以搜索到 6 个候选资源集 $x = \{x_1, x_2, x_3, x_4, x_5, x_6\}$ = {北科天绘，Velodyne，北醒光子，速腾聚创，Quanergy，禾赛科技}。根据本书提出的级别高于关系 ELECTRE–I 方法对候选资源集中的 6 个候选资源进行排序，利用优势子集选取最佳匹配候选资源。相关数据主要来自企业官网，如表 7–6 所示。

表 7 – 6　　　　　　　　　　各候选资源性能指标数据

候选资源 提供商	测量范围 y_1（米）	每秒点云数 y_2（个）	角分辨率 y_3（度）	测量精度 y_4（毫米）
北科天绘	200	90×10^5	0.05	4
Velodyne	240	880×10^5	0.17	3
北醒光子	180	50×10^5	0.04	10
速腾聚创	200	64×10^5	0.09	5
Quanergy	200	120×10^5	0.02	3
禾赛科技	200	110×10^5	0.2 ~ 0.4	4

具体匹配步骤如下。

（1）确定任务需求指标权重，即激光雷达的性能指标属性：

$$w = \{w_1, w_2, w_3, w_n\} = \{0.3, 0.2, 0.4, 0.1\}$$

（2）和谐性检验。对每对候选资源 (x_i, x_k)，$i < k$，将属性序号分类如下：

$I_{12} \approx 0.4$，$I'_{12} \approx 0.5$；$I_{13} \approx 0.5$，$I'_{13} \approx 1$；$I_{14} \approx 0.5$，$I'_{14} \approx 1$；$I_{15} \approx 0.3$，$I'_{15} \approx 0.4$；

$I_{16} \approx 0.7$，$I'_{16} \approx 2.4$；$I_{23} \approx 0.6$，$I'_{23} \approx 1.5$；$I_{24} \approx 0.5$，$I'_{24} \approx 1.1$；$I_{25} \approx 0.7$，$I'_{25} \approx 1$；

$I_{26} \approx 0.6$，$I'_{26} \approx 1.5$；$I_{34} \approx 0.5$，$I'_{34} \approx 1$；$I_{35} \approx 0.3$，$I'_{35} \approx 0.4$；$I_{36} \approx 0.7$，$I'_{36} \approx 1.4$；

$I_{45} \approx 0.3$，$I'_{45} \approx 0.4$；$I_{46} \approx 1$，$I'_{46} \approx 0.7$；$I_{56} \approx 0.7$，$I'_{56} \approx 1.4$。

依据和谐指数阈值为 $\alpha = 0.6$，通过和谐检验的有 I_{16}、I'_{16}、I_{23}、I'_{23}、I_{25}、I'_{25}、I_{26}、I'_{26}、I_{36}、I'_{36}、I_{46}、I'_{46}、I_{56}、I'_{56}。

（3）确定级别高于关系。根据和谐检验的结果，可以得到 6 个候选资源对 (x_i, x_k)，$i < k$ 时的级别高于关系 $x_1 O x_6$、$x_2 O x_3$、$x_2 O x_5$、$x_2 O x_6$、$x_3 O x_6$、$x_4 O x_6$、$x_5 O x_6$。

确定了候选资源对 (x_i, x_k)，$i < k$ 时的级别高于关系后，由于从 $x_i O x_k$ 不能推断非 $x_k O x_i$，所以需要进一步确定候选资源对 (x_k, x_i)，$k > i$ 时的级别高于关系，计算过程与 (x_i, x_k) 相同，可以得到 $x_6 O x_4$、$x_5 O x_4$、$x_5 O x_3$、$x_5 O x_2$、$x_5 O x_1$、$x_2 O x_1$。

（4）画指向图。根据构造的级别高于关系画出相应的指向图，如图 7 - 5 所示。通过指向图可以确定 $\{x_5, x_6\}$、$\{x_2, x_4\}$ 为优势子集，其中 x_5 与 x_2、x_6 与 x_4 基本无差别。因此，针对该子任务来说，最优的候选资源是 x_2 或 x_5，对应的是 Velodyne 和 Quanergy 两家激光雷达厂商。

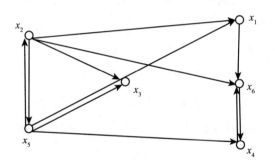

图 7 - 5　候选资源关系指向

在实际的资源匹配过程中，BD 智能汽车创新联盟也是选取了 Velodyne 提供的激光雷达技术进行感知系统的开发。因此，验证了本书提出的资源匹配方法具有可行性与有效性。

7.5　BD 智能汽车创新联盟资源整合效果提升建议

通过对 BD 智能汽车创新联盟资源整合机制的实证检验，可以看出本书所构建的跨界创新联盟资源整合机制在一定程度上解决了跨界创新联盟资源配置与利用效率不高等问题。资源识别机制有效地识别了 BD 智能汽车创新联盟的资源整体状况，对创新活动的开展起到关键推动作用。资源融合机制促进了 BD 智能汽车创新联盟各成员资源有效的汇集、共享、交互，从而获取资源协同效应，扩大了联盟原有资源体系的价值。资源配置机制促进了 BD 智能汽车创新联盟资源的合理分配与优化配置，提高了资源的利用效率。但在具体实施过程中，为了使跨界创新联盟资源整合机制发挥最大的作用，可以从以下方面进行适当改善，促进跨界创新联盟良性协同健康发展。

1. 完善联盟生态环境，增强成员间信任关系

跨界创新联盟内成员之间的相互信任关系是资源共享与整合的基础。不断培养成员间的信任度能减轻联盟成员对于资源的保护防范心理，削弱资源识别与共享的障碍，为 BD 智能汽车创新联盟营造良好的生态合作氛围，有利于创新活动的顺利展开。因此，可搭建有效的沟通交流平台并维持其稳定运转，构建各机构管理人员的信任机制。联盟应当着重培育有利于加深双方信任的合作文化，使得互信成为 BD 智能汽车创新联盟的常态，令联盟资源共享的效果更佳。

增加联盟成员沟通渠道，营造和谐的沟通氛围，增进成员彼此的沟通和互信。利用如项目研讨会、工作会议、定期汇报和文件等方式提高联盟成员交流沟通的频度、深度与广度，增进彼此了解。同时可以由百度牵头，为联盟建立特定的组织协调部门，并给予专项资金支持，促进联盟成员间的交流沟通，增进联盟成员的信任感从而提高资源识别的效率，实现资源深度共享。不同的异质性资源进行渗透和融合，提升了联盟资源整合效果，使联盟创造出更大的价值。

2. 加强联盟云平台建设

联盟云平台汇集了联盟成员各类资源，借助大数据、云计算、AI 等

互联网信息技术实现各成员子平台与创新资源的有效对接与协同，从多视角多方位汇聚不同的知识、资金、渠道和人才等创新资源，形成联盟内成员独享的资源库，为跨界资源的高效整合提供了渠道保障。跨界成员间依托平台进行创新资源的跨界交流与信息对接，同时增强了与学术界、政府和公众的联系，提升了社会对自动驾驶技术的认知程度。

联盟可以通过增加对数据资源模块、感知资源模块、仿真资源模块、信息安全资源模块等模块功能研发资金的投入力度，完善联盟云平台的功能体系，打通数据生产、共享和云端数据应用闭环，优化创新资源共享效果，从而提升联盟资源整合效果，加速创新迭代效率。

3. 推动建立以需求为中心的资源配置标准

资源的配置是按照项目的战略匹配、效率高低及需求匹配进行的，如何评判资源配置的归属，使资源流动分配到最需要的成员手中，同时使其他成员不会因资源匹配的先后顺序产生隔阂，是联盟资源配置问题的重中之重。联盟可以通过建立以项目管理决策委员会为领导核心、真正需求为中心的资源配置标准，来助力 BD 智能汽车创新联盟提升资源整合效果。除此之外，成员企业还要注重不断提高自身的吸收能力、学习能力及资源整合能力，提升联盟的整体协同创新能力和竞争优势。

4. 加大联盟资源保护力度

首先，可以通过加固联盟资源进出壁垒，设置进出的技术壁垒，加强对联盟创新资源的保护。联盟内的资源具有排他性，通过产权保护等手段设置技术壁垒，杜绝技术模仿和侵权行为，保护好联盟的核心创新成果，才能够确保联盟资源整合效果最佳，促进联盟可持续发展。其次，建立健全资源保障体系。政府在资源保护方面起到重要的引导和推动作用，一方面，政府应该持续加大对资源安全的支持力度，通过重点研发项目支持、专项补贴等多种方式鼓励科研人员开展资源安全专项研究工作，出台相关资源保护政策，坚决打击资源侵占行为，使资源投机者无处容身；另一方面，应该引导以百度为主体的 BD 智能汽车创新联盟结合现实需求，加快部署资源防火墙技术及关键核心锁等资源防盗项目，给予联盟引导支持，确保联盟的资源整合成果不被他人窃取，进而保障资源整合效果最优化。

7.6 本章小结

本章以 BD 智能汽车创新联盟为对象，对跨界创新联盟资源识别机制、资源融合机制、资源配置机制进行了实证研究，验证了本书设计的资源整合机制在实践中具有可行性与应用价值，通过对整合机制的运用，可以实现跨界创新联盟资源的合理优化配置，提高资源的利用率。

结论

　　跨界创新联盟作为新时代以互联网为纽带的企业跨界创新合作形成的重要创新组织，如何有效地整合与重构跨行业、跨领域、跨地域等跨越多层次的创新资源，使其创造更大的价值，对联盟跨界创新活动的顺利开展以及提高整体竞争优势具有重要意义。本书构建了一套有利于资源在不同行业企业间有效流通与共享的跨界创新联盟资源整合机制，包括资源识别机制、资源融合机制、资源配置机制，从而实现跨界企业资源的优化配置与利用，促进联盟跨界创新活动的高效开展，最大化发挥跨界资源协同价值，为企业提供科学的资源管理理论指导与先进的方法手段，推动我国传统产业的转型升级发展。本书的主要研究工作及创新点如下。

　　（1）在给出跨界创新联盟概念与特征的基础上，从技术推动、市场拉动、政策驱动三个维度剖析了跨界创新联盟形成的动因；从共生演化的视角，基于改进的 Logistic 方程，构建了跨界创新联盟共生演化模型，揭示了跨界创新联盟共生演化过程及规律。

　　（2）基于协同论揭示了跨界创新联盟资源协同机理。从联盟战略、组织、资源要素等方面进行多维度协同分析，在确定跨界创新联盟资源协同序参量的基础上，分析了跨界创新联盟资源协同过程，构建了跨界创新联盟资源协同机理模型，并在此基础上构建了跨界创新联盟资源整合过程模型。

（3）运用模块化理论设计了以模块化调节机制为核心、规范性约束机制与延续性交互机制为辅助的跨界创新联盟资源共享协调机制，以实现跨界资源的有效顺畅共享与利用；考虑到在跨界创新联盟发展的不同阶段，创新主体的非理性心理因素和风险偏好会发生变化，基于前景理论和演化博弈理论，构建了跨界创新联盟资源共享演化博弈模型，分析了在联盟不同发展阶段可能出现的 4 种演化情形，并采用仿真方法分析各参数对资源共享意愿的影响，基于此提出了资源共享激励措施。

（4）从联盟战略导向出发，设计了跨界创新联盟项目组合优化配置过程，将物元分析理论与信息熵理论进行有效融合，构建了跨界创新联盟项目组合战略匹配度的复合关联熵物元模型，以测量项目对联盟战略目标的匹配度。在此基础上，考虑了项目间不同交互关系，构建了跨界创新联盟项目组合资源优化配置模型，并采用改进的果蝇优化算法进行求解，从而选取最优项目组合配置方案，以确保联盟战略目标的实现与资源有效合理的配置。

（5）运用 ELECTRE – I 方法提出了面向任务的最佳候选资源匹配方法，并针对多任务需求，分别考虑了请求任务数过多和强约束两种不同情形，构建了跨界创新联盟资源组合优化模型，并采用量子多目标算法对模型进行求解。

本书对跨界创新联盟资源整合机制的研究成果，为传统企业通过与互联网企业深度融合开展创新活动，提供了一套有效的资源整合管理体系，为联盟跨界创新活动的顺利开展提供了科学的资源管理理论指导与先进的方法手段。关于跨界创新联盟资源整合机制的研究仍然存在值得继续深入探讨的问题，如资源整合效果评价体系的构建问题及行业认知距离对跨界创新绩效的影响问题等，都是以后进一步研究的方向。

参 考 文 献

[1] 白礼彪，白思俊，郭云涛. 基于 QFD 的项目组合配置战略贴近度优化研究 [J]. 管理工程学报，2014（4）：201－205.

[2] 蔡莉，尹苗苗. 新创企业学习能力、资源整合方式对企业绩效的影响研究 [J]. 管理世界，2009（10）：1－16.

[3] 蔡宁，吴结兵. 企业集群的竞争优势：资源的结构性整合 [J]. 中国工业经济，2002（7）：45－49.

[4] 陈宏愚. 关于区域科技创新资源及其配置分析的理性思考 [J]. 中国科技论坛，2003（5）：36－39.

[5] 陈劲，阳银娟. 协同创新的理论基础与内涵 [J]. 科学学研究，2012，30（2）：161－164.

[6] 陈晓红，解海涛. 基于"四主体动态模型"的中小企业协同创新体系研究 [J]. 科学学与科学技术管理，2006（8）：37－42.

[7] 陈衍泰，孟媛媛，张露嘉，等. 产业创新生态系统的价值创造和获取机制分析——基于中国电动汽车的跨案例分析 [J]. 科研管理，2015（36）：68－74.

[8] 邓渝. 市场还是关系依赖？联盟伙伴选择导向对企业技术创新的作用机制研究 [J]. 外国经济与管理，2016，38（5）：18－31.

[9] 董保宝，葛宝山，王侃. 资源整合过程、动态能力与竞争优势：机理与路径 [J]. 管理世界，2011（3）：92－100.

[10] 范德成，伏玉林. 高端装备制造业技术创新资源配置效率及影

响因素研究——基于两阶段 StoNED 和 Tobit 模型的实证分析 [J]. 中国管理科学, 2018, 34 (2): 13 – 24.

[11] 冯文娜. 互联网经济条件下的企业跨界本质与微观基础 [J]. 山东大学学报 (哲学社会科学版), 2019 (1): 101 – 117.

[12] 付丙海, 谢富纪, 韩雨卿. 创新链资源整合、双元性创新与创新绩效: 基于长三角新创企业的实证研究 [J]. 中国软科学, 2015 (12): 176 – 186.

[13] 高山行, 刘嘉慧, 韩晨, 等. 跨界共享: 共享经济时代战略联盟的再认识 [J]. 北京工业大学学报 (社会科学版), 2019, 19 (3): 51 – 58.

[14] 葛宝山, 生帆, 李军. 跨界创业的知识共享模型及运行机制研究 [J]. 图书情报工作, 2016, 60 (14): 24 – 31.

[15] 何郁冰. 产学研协同创新的理论模式 [J]. 科学学研究, 2012 (2): 165 – 174.

[16] 胡畔, 于渤. 跨界搜索、能力重构与企业创新绩效——战略柔性的调节作用 [J]. 研究与发展管理, 2017, 29 (4): 138 – 147.

[17] 黄海霞, 张治河. 基于 DEA 模型的我国战略性新兴产业科技资源配置效率研究 [J]. 中国软科学, 2015 (1): 150 – 159.

[18] 黄嘉涛. 移动互联网环境下跨界营销对共创体验的影响 [J]. 预测, 2017, 36 (2): 37 – 43.

[19] 黄鲁成. 关于区域创新系统研究内容的探讨 [J]. 科研管理, 2000, 21 (2): 43 – 47.

[20] 姜晓丽. 高技术虚拟产业集群资源整合机制及信息平台研究 [D]. 哈尔滨: 哈尔滨理工大学, 2012.

[21] 蒋宁, 张维. 资源基础观视角下构建企业核心资源识别的动力学模型研究 [J]. 科学学与科学技术管理, 2010, 31 (7): 140 – 145.

[22] 解学芳,臧志彭."互联网+"时代文化上市公司的生命周期与跨界演化机理 [J]. 社会科学研究,2017(1):29-36.

[23] 解学梅,方良秀. 国外协同创新研究述评与展望 [J]. 研究与发展管理,2015,27(4):16-24.

[24] 李恒毅,宋娟. 新技术创新生态系统资源整合及其演化关系的案例研究 [J]. 中国软科学,2014(6):129-141.

[25] 李仕明,刘辉,沈焱,等. 跨界创新:新时代我国创新的选择——基于国际权威机构研究报告的思考 [J/OL]. 电子科技大学学报(社科版),2018:1-5.

[26] 李万,常静,王敏杰,等. 创新3.0与创新生态系统 [J]. 科学学研究,2014,32(12):1761-1770.

[27] 李兴江,赵光德. 区域创新资源整合的机制设计研究 [J]. 科技管理研究,2009,29(3):66-69.

[28] 李玥. 基于资源基础理论的组织间协同机理研究 [J]. 西北工业大学学报(社会科学版),2017,37(4):24-29.

[29] 李志兰. 养老地产跨界联盟共生系统稳定性研究 [D]. 徐州:中国矿业大学,2016.

[30] 林嵩,张帏,林强. 高科技创业企业资源整合模式研究 [J]. 科学学与科学技术管理,2005,26(3):143-147.

[31] 刘丹,闫长乐. 协同创新网络结构与机理研究 [J]. 管理世界,2013(12):1-4.

[32] 刘丹鹤,杨舰. 区域科技投入指南与科技资源整合机制 [J]. 科学学与科学技术管理,2007(12):20-24.

[33] 刘辉. 跨界创新理论研究与现实分析——基于中国创新路径的探讨 [D]. 成都:电子科技大学,2020.

[34] 刘鹏程,孙新波,张大鹏,等. 组织边界跨越能力对开放式服

务创新的影响研究 [J]. 科学学与科学技术管理, 2016, 37 (11): 136-151.

[35] 刘秀艳, 王林秀. 基于多主体协同创新的养老地产跨界联盟开发模式 [J]. 现代城市研究, 2017 (2): 33-40.

[36] 刘志迎, 路锋. 企业实施二元创新的有限资源动态配置机制研究 [J]. 研究与发展管理, 2018, 30 (4): 54-64.

[37] 龙海泉, 吕本富, 彭赓, 等. 基于价值创造视角的互联网企业核心资源及能力研究 [J]. 中国管理科学, 2010, 18 (1): 161-167.

[38] 罗珉, 李亮宇. 互联网时代的商业模式创新: 价值创造视角 [J]. 中国工业经济, 2015 (1): 95-107.

[39] 吕一博, 韩少杰, 苏敬勤, 等. 大学驱动型开放式创新生态系统的构建研究 [J]. 管理评论, 2017, 29 (4): 68-82.

[40] 马占新, 赵佳凤. DEA 方法的效率悖论与数据短尾现象 [J]. 系统工程理论与实践, 2019, 39 (1): 200-214.

[41] 梅胜军, 沈聪, 肖化群, 等. 创业资源整合模式的阶段性特征及其影响因素——基于制造型创业企业的纵向案例分析 [J]. 经营与管理, 2017 (3): 105-110.

[42] 欧忠辉, 朱祖平, 夏敏, 陈衍泰. 创新生态系统共生演化模型及仿真研究 [J]. 科研管理, 2017, 38 (12): 49-57.

[43] 彭纪生. 中国技术协同创新 [M]. 北京: 中国经济出版社, 2000.

[44] 彭伟, 符正平. 联盟网络、资源整合与高科技新创企业绩效关系研究 [J]. 管理科学, 2015, 28 (3): 26-37.

[45] 彭学兵, 陈璐露, 刘玥伶. 创业资源整合、组织协调与新创企业绩效的关系 [J]. 科研管理, 2016, 37 (1): 110-118.

[46] 饶扬德. 企业资源整合过程与能力分析 [J]. 工业技术经济,

2006，155（25）：72－74.

[47] 孙亮，李建玲，李岱松. 产业技术创新战略联盟的组织模式与政府作用 [J]. 中国科技论坛，2015（3）：12－17.

[48] 孙亚清. 跨界创业联盟资源整合机制研究 [D]. 长春：吉林大学，2016.

[49] 陶小龙，甘同卉，张建民，姚建文. 创业型企业跨界创新模式建构与实现路径——基于两家典型企业的探索性案例研究 [J]. 科技进步与对策，2018，35（14）：73－80.

[50] 汪朗峰，伏玉林. 高技术产业发展中科技资源配置研究 [J]. 科研管理，2013，34（2）：152－160.

[51] 汪秀婷，程斌武. 资源整合、协同创新与企业动态能力的耦合机理 [J]. 科研管理，2014，35（4）：44－50.

[52] 王冲. 公司跨界创业的战略选择研究 [D]. 长春：吉林大学，2016.

[53] 王发明，刘丹. 产业技术创新联盟中焦点企业合作共生伙伴选择研究 [J]. 科学学研究，2016，34（2）：246－252.

[54] 王发明，朱美娟. 创新生态系统价值共创行为影响因素分析——基于计划行为理论 [J]. 科学学研究，2018（2）：370－377.

[55] 王广生. 跨行业战略联盟：实践、理论和启示 [J]. 科技进步与对策，2011，28（1）：24－27.

[56] 王海军，成佳，邹日菘. 产学研用协同创新的知识转移协调机制研究 [J]. 科学学研究，2018，36（7）：1274－1283.

[57] 王宏起，汪英华，武建龙，刘家洋. 新能源汽车创新生态系统演进机理——基于比亚迪新能源汽车的案例研究 [J]. 中国软科学，2016（4）：81－94.

[58] 王卉，胡娟. 跨界整合：互联网环境下传统内容企业转型升级

的路径选择 [J]. 中国出版, 2016 (19): 19 - 22.

[59] 王节祥, 蔡宁, 盛亚. 龙头企业跨界创业、双平台架构与产业集群生态升级——基于江苏宜兴"环境医院"模式的案例研究 [J]. 中国工业经济, 2018 (2): 157 - 175.

[60] 王丽平, 陈晴晴. 跨界合作行为、外部创新搜寻对创新绩效的影响——战略柔性的调节作用 [J]. 科技进步与对策, 2016, 33 (19): 21 - 26.

[61] 王素娟, 王建智. 商业模式匹配跨界搜索战略对创新绩效的影响 [J]. 科研管理, 2016, 37 (9): 113 - 121.

[62] 王晓文, 张玉利, 李凯. 创业资源整合的战略选择与实现手段——基于租金创造机制视角 [J]. 经济管理, 2009, 31 (1): 61 - 66.

[63] 王秀臣. 跨国企业战略联盟网络资源整合研究 [D]. 哈尔滨: 哈尔滨工业大学, 2009.

[64] 吴绍波, 顾新. 战略性新兴产业创新生态系统协同创新的治理模式选择研究 [J]. 研究与发展管理, 2014, 26 (1): 13 - 20.

[65] 吴先明, 苏志文. 将跨国并购作为技术追赶的杠杆: 动态能力视角 [J]. 管理世界, 2014, (4): 146 - 164.

[66] 伍勇, 魏泽龙. 知识探索、资源整合方式与突破性创新 [J]. 科研管理, 2017, 38 (12): 11 - 19.

[67] 夏缘缘. 非跨界不设计——从时尚品牌的跨界设计看设计的融创精神 [J]. 文艺争鸣, 2011 (6): 53 - 54.

[68] 徐建中, 付静雯. 可拓资源对制造企业服务创新的影响研究 [J]. 中国软科学, 2018, 36 (9): 1668 - 1676.

[69] 徐维祥, 楼杏丹, 余建形. 高新技术产业集群资源整合提升区域创新系统竞争能力的对策研究 [J]. 中国软科学, 2005 (4): 87 - 90.

[70] 许庆瑞, 蒋键, 郑刚. 各创新要素全面协同程度与企业特质的

关系实证研究 [J]. 研究与发展管理, 2005 (3): 16 – 21.

[71] 严建援, 甄杰, 董坤祥, 杨银厂. 区域协同发展下创新资源集聚路径和模式研究 [J]. 华东经济管理, 2016, 30 (7): 1 – 7.

[72] 杨善林, 周开乐, 张强. 互联网的资源观 [J]. 管理科学学报, 2016, 19 (1): 1 – 10.

[73] 姚艳虹, 张翠平, 周惠平. 知识域耦合对企业知识创新能力影响的仿真——协同网络视角 [J]. 企业经济, 2018 (12): 74 – 84.

[74] 於军, 孟宪忠. 从企业实践看跨界创新 [J]. 企业管理, 2014 (9): 72 – 76.

[75] 余博. 区域自主创新联盟与区域创新资源整合管理研究 [J]. 科技进步与对策, 2009, 26 (22): 61 – 65.

[76] 袁纯清. 共生理论——兼论小型经济 [M]. 北京: 经济科学出版社, 1998: 1 – 10.

[77] 岳超源. 决策理论与方法 [M]. 北京: 科学出版社, 2003.

[78] 张公一, 孙晓欧. 科技资源整合对企业创新绩效影响机制实证研究 [J]. 中国软科学, 2013 (5): 92 – 99.

[79] 张敬文, 江晓珊, 周海燕. 战略性新兴产业技术创新联盟合作伙伴选择研究——基于 PLS – SEM 模型的实证分析 [J]. 宏观经济研究, 2016 (5): 79 – 86.

[80] 张利飞. 创新生态系统技术种群非对称耦合机制研究 [J]. 科学学研究, 2015, 33 (7): 1100 – 1108.

[81] 张青. 跨界协同创新运营机理及其案例研究 [J]. 研究与发展管理, 2013, 25 (6): 114 – 126.

[82] 张庆普, 周洋, 王晨筱, 等. 跨界整合式颠覆性创新内在机理与机会识别研究 [J]. 研究与发展管理, 2018, 30 (6): 93 – 104.

[83] 张文, 赵亚普. 转型经济下跨界搜索战略与产品创新 [J]. 科

研管理，2013，34（9）：54-63.

[84] 张骁，吴琴，余欣．互联网时代企业跨界颠覆式创新的逻辑[J]．中国工业经济，2019（3）：156-174.

[85] 张晓明，王应明，施海柳．效率视角下创新型企业关键资源优化配置研究[J]．科研管理，2018，39（5）：103-111.

[86] 张影，高长元，王京．跨界创新联盟生态系统共生演化模型及实证研究[J]．中国管理科学，2022，30（6）：200-212.

[87] 张影，翟丽丽，王京．大数据背景下的云联盟数据资源服务组合模型[J]．计算机集成制造系统，2016，22（12）：2920-2929.

[88] 张永安，李晨光．创新网络结构对创新资源利用率的影响研究[J]．科学学与科学技术管理，2010，31（1）：81-89.

[89] 张永安，郗海拓，颜斌斌．基于两阶段DEA模型的区域创新投入产出评价及科技创新政策绩效提升路径研究——基于科技创新政策情报的分析[J]．情报杂志，2018，37（1）：198-207.

[90] 张震宇，陈劲．基于开放式创新模式的企业创新资源构成、特征及其管理[J]．科学学与科学技术管理，2008（11）：61-65.

[91] 章长城，任浩．企业跨界创新：概念、特征与关键成功因素[J]．科技进步与对策，2018，35（21）：154-160.

[92] 赵霞，朱启航．"互联网＋"背景下零售业与制造业跨界融合研究综述[J]．商业经济研究，2017（1）：182-184.

[93] 赵昕．产业金融创新：从跨界到无界——互联网＋供应链金融生态报告[J]．学术交流，2016（6）：136-141.

[94] 赵振．"互联网＋"跨界经营：创造性破坏视角[J]．中国工业经济，2015（10）：146-160.

[95] 赵志耘，杨朝峰．创新范式的转变：从独立创新到共生创新[J]．中国软科学，2015（11）：155-160.

［96］郑刚. 基于 TIM 视角的企业技术创新过程中各要素全面协同机制研究［D］. 杭州：浙江大学，2004.

［97］周和荣，张金隆. 虚拟合作资源配置方式：机制、模型与实证研究［J］. 中国工业经济，2006（8）：77 - 83.

［98］周寄中，胡志坚，周勇. 在国家创新系统内优化配置科技资源［J］. 管理科学学学报，2002（3）：40 - 49.

［99］朱清，杨毅，何青松，等. 基于 ELECTRE - Ⅰ法的"互联网 +"项目创新联盟伙伴选择研究［J］. 中国软科学，2016（4）：143 - 149.

［100］Adner R. Match your innovation strategy to your innovation ecosystem［J］. Harvard Business Review，2006，84（4）：98.

［101］Amabile T M，Patterson C，Mueller J，et al. Academic practitioner collaboration in management research：A case of cross - profession collaboration［J］. Academy of Management Journal，2001，44（2）：418 - 431.

［102］Amit R，Schoemaker P J H. Strategic assets and organizational rent［J］. Strategic Management Journal，1993，14（1）：33 - 46.

［103］Amit R，Zott C. Value creation in E - business［J］. Strategic Management Journal，2001（22）：493 - 520.

［104］Ansoff H I. Corporate strategy：An analytic approach to business policy for growth and expansion［M］. New York：McGraw - Hill，1965.

［105］Bader K. How to benefit from cross - industry innovation？A best practice case［J］. International Journal of Innovation Management，2013，17（6）：1340018 - 1 - 1340018 - 26.

［106］Barney J. Firm resources and sustained competitive advantage［J］. Journal of Management，1991，17（1）：99 - 120.

［107］Bathelt H，Malmberg A，Maskell P. Clusters and knowledge：Local buzz，global pipelines and the process of knowledge creation［R］. Copenhagen: DRUID Working Paper, 2002: 2 – 12.

[108] Bobick J E, Berard G L. Science & technology resources: A guide for information professionals and researchers [M]. Santa Barbara: ABC – Clio Press, 2011.

[109] Boschma R. Proximity and innovation: A critical assessment [J]. Regional Studies, 2005, 39 (1): 61 – 74.

[110] Brunswicker S, Hutschek U. Crossing horizons: Leveraging cross – industry innovation search in the front – end of the innovation process [J]. International Journal of Innovation Management, 2010, 14 (4): 683 – 702.

[111] Brush C G, Greene P G, Hart M M. Creating wealth in organizations: The role of strategic leadership [J]. Academy of Management Executive, 2011, 15 (1): 64 – 78.

[112] Carayannic E G, Grigoroudis E, Goletsis Y. A multilevel and multistage efficiency evaluation of innovation systems: A multiobjective DEA approach [J]. Expert Systems with Applications, 2016 (62): 63 – 80.

[113] Charnes A, Cooper W W, Rhodes E. Measuring the efficiency of decision making units [J]. European Journal of Operational Research, 1978, 2 (6): 429 – 444.

[114] Chesbrough H W. Open innovation [M]. Boston, MA: Harvard Business School Press, 2003.

[115] Cuan J C, Chen K H. Measuring the innovation production process: A cross – region empirical study of China's high – tech innovations [J]. Technovation, 2010, 30 (5/6): 348 – 358.

[116] Dain M A L, Merminod V. A knowledge sharing framework for black, grey and white box supplier configurations in new product development [J]. Technovation, 2014, 34 (11): 688 – 701.

[117] Dikova D, Sahib P R. Is cultural distance a bane or a boon for cross – border acquisition performance? [J]. Journal of World Business, 2013, 48 (1): 77 – 86.

[118] Ehrlich P R, Raven P H. Butterflies and plants: A study in coevolution [J]. Evolution, 1964, 18 (4): 586 – 608.

[119] Emden Z, Calantone R. Collaborating for new product development: Selecting the partner with maximum potential to create value [J]. Journal of Product Innovation Management, 2006, 23 (4): 330 – 341.

[120] Enkel E, Gassmann O. Creative imitation: Exploring the case of cross – industry innovation [J]. R&D Management, 2010, 40 (3): 256 – 270.

[121] Enkel E, Heil S. Preparing for distant collaboration: Antecedents to potential absorptive capacity in cross – industry innovation [J]. Technovation, 2014 (34): 242 – 260.

[122] Ferreras – Méndez J L, Newell S, Fernández – Mesa A, et al. Depth and breadth of external knowledge search and performance: The mediating role of absorptive capacity [J]. Industrial Marketing Management, 2015, 47 (5): 86 – 97.

[123] Fiaz M. An empirical study of university – industry R&D collaboration in China: Implications for technology in society [J]. Technology in Society, 2013, 35 (3): 191 – 202.

[124] Gassmann O, Daiber M, Enkel E. The role of intermediaries in cross – industry innovation processes [J]. R&D Management, 2011, 41 (5): 457 – 469.

[125] Gassmann O, Zeschky M. Opening up the solution space: The role of analogical thinking for breakthrough product innovation [J]. Creativity &

Innovation Management, 2008, 17 (2): 97 – 106.

[126] Grant R M. The resource – based theory of competitive advantage [J]. Strategy: Critical Perspectives on Business and Management, 2002 (135): 122 – 148.

[127] Hall R. The strategic analysis of intangible resources [J]. Strategic Management Journal, 1992, 13 (2): 135 – 144.

[128] Hargadon A, Sutton R I. Technology brokering and innovation in a product development firm [J]. Administrative Science Quarterly, 1997, 42 (4): 716 – 749.

[129] Heller M A, Eisenberg R S. Can patents deter innovation? The anticommons in biomedical research [J]. Science, 1998, 280 (5): 698 – 701.

[130] Hitt M A, Bierman L, Klaus U, et al. The importance of resources in the internationalization of professional service firms: The good, the bad, and the ugly [J]. Academy of Management Journal, 2006, 49 (5): 1137 – 1157.

[131] Hitt M A, Bierman L, Shimizu K, et al. Direct and moderating effects of human capital on strategy and performance in professional service firms: A resource based perspective [J]. Academy of Management Journal, 2001, 44 (1): 13 – 28.

[132] Hoegl M, Wagner S M. Buyer – supplier collaboration in product development projects [J]. Journal of Management, 2005, 31 (4): 530 – 548.

[133] Jarillo J C. On strategic networks [J]. Strategic Management Journal, 1998 (9): 31 – 41.

[134] Katila R, Ahuja G. Something old, something new: A longitudi-

nal study of search behavior and new product introduction [J]. Academy of Management Journal, 2002, 45 (6): 1183 – 1194.

[135] Kleinaltenkamp M, Brodie R J, et al. Resource integration [J]. Marking Theory, 2012, 12 (2): 201 – 206.

[136] Lavie D, Kang J, Rosenkopf L. Balance within and across domains: The performance implications of exploration and exploitation in alliances [J]. Organization Science, 2011, 22 (6): 1517 – 1538.

[137] Lee S H, Skenkar O, Li J. Cultural distance, investment flow, and control in cross – border cooperation [J]. Strategic Management Journal, 2008, 29 (1): 1117 – 1125.

[138] Lee S, Park G, Yoon B, et al. Open innovation in SMEs – An intermediated network model [J]. Research Policy, 2010, 39 (2): 290 – 300.

[139] Lopéz A. Determinants of R&D cooperation: Evidence from Spanish manufacturing firms [J]. International Journal of Industrial Organization, 2008, 26 (1): 113 – 136.

[140] Lundquist K J, Trippl M. Distance, proximity and types of cross – border innovation systems: A conceptual analysis [J]. Regional Studies, 2013, 47 (3): 450 – 460.

[141] Macpherson A, Herbane B, Jones O. Developing dynamic capabilities through resource accretion: Expanding the entrepreneurial solution space [J]. Entrepreneurship & Regional Development, 2015, 27 (5 – 6): 259 – 291.

[142] Mathews J A. A resource – based view of Schumpeterian economic dynamics [J]. Journal of Economic, 2002 (12): 29 – 54.

[143] Mele C, Spena T R, Colurcio M. Co – creating value innovation

through resource integration [J]. International Journal of Quality and Service Sciences, 2010, 2 (1): 60 – 78.

[144] Mele C. Value logic in networks: Resource integration by stakeholders [J]. Sinergie, 2009 (12): 217 – 241.

[145] Miller D, Shamsie J. The resource – based view of the firm in two environments: The Hollywood film studios from 1936 – 1965 [J]. Academy of Management Journal, 1996, 39 (3): 519 – 543.

[146] Moitra D, Ganesh J. Web services and flexible business processes: Towards the adaptive enterprise [J]. Information Management, 2005 (42): 921 – 933.

[147] Najib M, Dewi F R, Widyastuti H. Collaborative networks as a source of innovation and sustainable competitiveness for small and medium food processing enterprises in Indonesia [J]. Internal Journal of Business & Management, 2014, 9 (9): 147 – 160.

[148] Nelson R. National systems of innovation: A comparative analysis [M]. Oxford: Oxford University Press, 1993.

[149] Nonaka I, Takeuchi H. The knowledge – creating company [M]. Boston: Harvard Business Review Press, 1996: 96 – 104.

[150] Okamuro H, Kato M, Honjo Y. Determinants of R&D cooperation in Japanese start – ups [J]. Research Policy, 2011, 40 (5): 728 – 738.

[151] Pastor M, Sandoní S J. Research joint ventures vs. cross licensing agreements: An agency approach [J]. International Journal of Industrial Organization, 2002, 20 (2): 215 – 249.

[152] Pfeffer J, Salancik G R. The external control of organization: A resource dependence perspective [M]. Stanford, CA: Stanford University Press, 2003.

[153] Poter M. Cluster and the new economic of competition [J]. Harvard Business Review, 1998, 76 (6): 77 – 90.

[154] Powell W W, Koput K W, Smith – Doerr L. Inter organizational collaboration and the locus of innovation: Networks of learning in biotechnology [J]. Administrative Science Quarterly, 1996, 41 (1): 116 – 145.

[155] Ravasi D, Verona G. Organizing the process of knowledge integration: The benefits of structural ambiguity [J]. Scandinavian Journal of Management, 2001, 17 (1): 41 – 66.

[156] Richard L Priem, J E Butler. Is the resource – based view a useful perspective for strategic management research? [J]. Academy of Management Review, 2001 (1): 22 – 40.

[157] Rohrbeck R, Holzle K, Gemunden H G. Opening up for competitive advantage: How Deutsche telecom creates an open innovation ecosystem [J]. R&D Management, 2009, 39 (4): 420 – 430.

[158] Rosenkopf L, Nerkar A. Beyond local search: Boundary spanning, exploration, and impact in the optical disk industry [J]. Stategic Management Journal, 2001, 22 (4): 287 – 306.

[159] Rothwell R. Towards the fifth – generation innovation process [J]. International Marketing Review, 1994, 11 (1): 7 – 31.

[160] Schwartz M, Peglow F, Fritsch M, et al. What drives innovation output from subsidized R&D cooperation? —Project – level evidence from Germany [J]. Technovation, 2012, 32 (6): 358 – 369.

[161] Simons T L, Peterson R S. Task conflict and relationship conflict in top management teams: The pivotal role of inter – group trust [J]. Journal of Applied Psychology, 2002, 85 (1): 102 – 111.

[162] Sirmon D G, et al. Resource orchestration to create competitive ad-

vantage: Breadth, depth, and life cycle effects [J]. Journal of Management, 2011, 37 (5): 1390 – 1412.

[163] Sirmon D G, Hitt M A, Iveland R D. Managing firm resources in dynamic environments to create value: Looking inside the black box [J]. Academy of Management Review, 2007, 32 (1): 273 – 292.

[164] Still K, Huhtamaki J, Russell M G, Rubens N. Insights for orchestrating innovation ecosystems: The case of EIT ICT Labs and data – driven network visualizations [J]. International Journal of Technology Management, 2014, 66 (2/3): 243 – 265.

[165] Tomlinson P R. Co – operative ties and innovation: Some new evidence for UK manufacturing [J]. Research Policy, 2010, 39 (6): 762 – 775.

[166] Vargo S L. Customer integration and value creation [J]. Journal of Service Research, 2008, 11 (2): 211 – 215.

[167] Wang L, Liu R, Liu S. An effective and efficient fruit fly optimization algorithm with level probability policy and its applications [J]. Knowledge – Based Systems, 2016 (97): 158 – 174.

[168] Wernerfelt B. A resource – based view of the firm [J]. Strategic Management Journal, 1984, 5 (2): 171 – 180.

图书在版编目（CIP）数据

跨界创新联盟资源整合机制研究／张影著. -- 北京：
经济科学出版社，2024.9. -- ISBN 978 - 7 - 5218 - 6199 - 0

Ⅰ. F124. 3

中国国家版本馆 CIP 数据核字第 2024TE6609 号

责任编辑：初少磊
责任校对：王苗苗
责任印制：范　艳

跨界创新联盟资源整合机制研究
KUAJIE CHUANGXIN LIANMENG ZIYUAN ZHENGHE JIZHI YANJIU
张　影　著
经济科学出版社出版、发行　新华书店经销
社址：北京市海淀区阜成路甲 28 号　邮编：100142
总编部电话：010 - 88191217　发行部电话：010 - 88191522
网址：www. esp. com. cn
电子邮箱：esp@ esp. com. cn
天猫网店：经济科学出版社旗舰店
网址：http://jjkxcbs. tmall. com
北京季蜂印刷有限公司印装
710 × 1000　16 开　13.75 印张　210000 字
2024 年 9 月第 1 版　2024 年 9 月第 1 次印刷
ISBN 978 - 7 - 5218 - 6199 - 0　定价：58.00 元
（图书出现印装问题，本社负责调换。电话：010 - 88191545）
（版权所有　侵权必究　打击盗版　举报热线：010 - 88191661
QQ：2242791300　营销中心电话：010 - 88191537
电子邮箱：dbts@ esp. com. cn）